LEON MANTEUFFEL-SZOEGE

Über die Bewegung des Blutes

MENSCHENWESEN UND HEILKUNST

13

Schriftenreihe
herausgegeben von der Arbeitsgemeinschaft
anthroposophischer Ärzte, Stuttgart

LEON MANTEUFFEL-SZOEGE

ÜBER DIE BEWEGUNG DES BLUTES

Hämodynamische Untersuchungen

VERLAG FREIES GEISTESLEBEN

Herausgegeben von Dr. med. Gisbert Husemann

Gesamtherstellung: Greiserdruck Rastatt
ISBN 3 7725 0113 3

Inhalt

Zur Herausgabe dieser Schrift und Problemstellung

Das Manuskript und die Herausgabe der vorliegenden Schrift von Leon Manteuffel-Szoege (1904-1973) haben eine Geschichte, die hier mit den nachfolgenden Lebensdaten des Autors kurz mitzuteilen sind (siehe auch Beitr. Erw. Heilk. 1973, 4).

Der Rudolf-Steiner-Fonds für wissenschaftliche Forschung veranstaltet seit 1964 konzentrierte kurze Forschungstreffen für Studenten aller naturwissenschaftlichen und der medizinischen Fakultät. 1973 war Professor Dr. Leon Manteuffel-Szoege aus Warschau zu diesem Treffen durch den genannten Fonds eingeladen worden. Manteuffel hatte mehrere Arbeiten zur Herzfunktion veröffentlicht, und dieses Thema sollte besprochen werden. Die Tagung fand statt (22./23. 1. 73), Manteuffel sprach, und sechs Wochen später kam die Nachricht von seinem Tode. Das dem Unterzeichneten anvertraute Manuskript war nun eine Hinterlassenschaft geworden. So blieb die Pflicht, es herauszugeben.

Wir hatten zwar Gelegenheit, während seines kurzen Besuches in Stuttgart einzelne Punkte zu besprechen, aber er konnte nun selbst nicht mehr die Korrekturen vornehmen. So blieb es bei seinem ursprünglichen Text, und an der Stelle, über die wir ausführlicher sprachen, ist eine Anmerkung gemacht worden (S. 41).

Leon Manteuffel wurde am 5. Mai 1904 in Rzezyea (Lettland) geboren. Nach dem Studium der Medizin in Warschau wurde er Assistent am anatomischen und später am pathologischen Institut. Danach war er Oberarzt an der chirurgischen Universitätsklinik in Warschau. Hier erlebte er die Belagerung und die Kriegsjahre mit.

Manteuffel war es vorbehalten, die moderne Thoraxchirurgie (Herz und Lunge) in Polen einzuführen. Außerdem war er Sachverständiger (Konsultant) am Institut für Krebsforschung (Tribuna Ludu 28. 3. 73).

Viele Studienreisen führten Manteuffel durch die Länder Europas, u. a. nach Skandinavien, Frankreich, Italien und die Schweiz. In Dornach

lernte er durch Assja Turgenjeff seine spätere Frau kennen, nämlich deren Halbschwester Barbara Kampioni. Die Witwe lebt heute in Warschau.
Seit etwa 1930 studierte Manteuffel die anthroposophischen Anregungen zur Medizin. 1955 begann er mit Experimenten unter dem speziellen Gesichtspunkt, die Eigenbewegung des Blutes und die Herzfunktion im Sinne Rudolf Steiners zu klären. Es ist verständlich, daß ihn diese Frage als Herzchirurg interessiert hat. Nicht aber ist es selbstverständlich, daß er es sich als Aufgabe stellte, die Pumpenfunktion des Herzens zu korrigieren und für Steiners Ansicht öffentlich einzutreten.
Das Ergebnis seiner Studien liegt hiermit nun vor. Etwas Endgültiges will es nicht sein. Die Arbeitsgemeinschaft anthroposophischer Ärzte begrüßt diese Herausgabe als einen Forschungsbeitrag zu einer der bedeutsamsten Fragen der menschlichen Physiologie; zumal unter den anthroposophischen Ärzten sich selbst mehrere mit diesem Problem in Veröffentlichungen auseinandergesetzt haben.
Für den Leser, welcher sich für die in dieser Schrift erörterten Probleme interessiert, mag folgende Bemerkung Rudolf Steiners von Bedeutung sein: «Es ist höchstens 25 Jahre her, daß ein auf diesem Gebiete sehr bedeutender Naturforscher, weil er die nötige mathematische Vorbildung dafür hatte, nämlich der Kriminalanthropologe Moritz Benedikt, erst auf die sehr erhebliche Tatsache aufmerksam machte, die ja heute wieder vielfach ignoriert wird, daß die gleichartigen Schläge in der Pulsader rechts und links verschieden sind, was außerordentlich wichtig ist für die Erkenntnis der Zusammenhänge im Menschenwesen. Und besonders ist wichtig, was kein berühmter Mann auf diesem Gebiete gefunden hat, sondern ein sehr einfacher Mann, Dr. Karl Schmid, und was er 1892 veröffentlichte in der ‹Wiener Medizinischen Wochenschrift› in seiner Abhandlung ‹Herzschläge und Pulsbewegungen›. Da wird hingewiesen auf ganz wichtige Beobachtungen. Erst wenn man diese Dinge, die jetzt erst im Anfang sind, einigermaßen studieren wird, wird man einen Anfang gemacht haben in der Erkenntnis des Zusammenhanges zwischen selbstbewußtem Ich und Blutzirkulation auf der einen Seite und auf der anderen Seite zwischen dem im Tier wirkenden tierischen Geist und der tierischen Blutzirkulation» (R. Steiner: Antworten der Geisteswissenschaft auf die großen Fragen des Daseins [1910 bis 1911], Vortrag vom 17. 11. 1910).
Der Vortragende hat demnach schon zehn Jahre vor dem ersten Ärztekurs (1920) vor Laien auf die Arbeit von K. Schmid hingewiesen. Von einem vertieften Studium des hydraulischen Widders erwartete er, daß

sich der Unterschied von Mensch und Tier auch an der Blutzirkulation zeigen ließe; denn mit der horizontalen Lage des tierischen Körpers sind ganz andere Bedingungen für das Herz gegeben, als in der aufrechten Stellung des Menschen. Bedenkt man aber, daß die Physiologen gerade auf diesem Gebiete die am Tier gewonnenen Beobachtungen mit allen Konsequenzen auf den Menschen übertragen haben, dann wird die Aufgabe, die hier vorliegt, immer deutlicher und wesentlicher. Die Seitenverschiedenheit menschlicher Funktionen (M. Benedikt) ist von der Rhythmusforschung z. B. für die Nasenatmung und Extremitätendurchblutung untersucht und bestätigt worden (G. Hildebrandt u. Arbeitskreis, 1954 und 1970).

Wichtig für das hier betrachtete Forschungsgebiet sind auch die folgenden Ausführungen von M. Mendelssohn über «Das Herz als secundäres Organ» (1928): «Eine jahrzehntelange Betätigung als Herzarzt hat mir die Gewißheit erbracht, daß der Blutumlauf, daß das Leben auf weit umfassenderen Grundlagen und auf Kräften von viel tieferer Bedeutung beruhen muß, als daß etwa eine winzige Pumpe rein mechanisch Blutflüssigkeit in ständige Bewegung setzt. Man muß als Arzt jahrelang bestehende, zum Cor bovinum gewordene Dilatationen mit absolut degeneriertem kraftlosen Myocard immer wieder aufs neue sehen, man muß zu völlig starren Strängen sklerosierte Arterien an Lebenden mit leidlichem Wohlbefinden kennen, wo doch eine ausreichende Elastizität ein unerläßliches Postulat der landläufigen Lehre ist, man muß Panzerherzen, die offen gebliebenen Foramina, die total geschrumpften Klappen und die verwachsenen Ostien, die excessiven Bradycardien und die Adam-Stockesschen Phänomene und nicht zuletzt die Hypertonien und Hypotonien, um nur einiges zu nennen, stets vor sich haben, um an der Erkenntnis nicht mehr zu zweifeln, daß keinesfalls das Herz im Kreislauf das hervorragende Movens sein kann. Allein schon aus diesem Grunde, ohne daß darum der Kreislauf aufgehört hat, muß unabweislich das *Herz ein sekundäres, ein in den Säfteumlauf des Lebens eingeschobenes, nicht ihm primär vorstehendes Organ sein»* (Zs. Kreislaufforschg. XX/19 [1928], kursiv von Mendelssohn.). Wenn Mendelssohn von einem in den Kreislauf eingeschobenen Organ spricht, dann ist das genau *die* Stellung, die der hydraulische Widder zu den Wasserströmen einnimmt; auch er ist in diese nur eingesetzt. Von den Sinnesorganen wäre ebenfalls zu sagen, daß sie in das spezielle Medium eingefügt sind, aus dem sie entstanden sind, wie das Herz.

Gisbert Husemann

EINLEITUNG

Es wird in den medizinischen Wissenschaften allgemein angenommen, daß das Blut eine hämodynamisch vollkommen passive Flüssigkeit ist. Schon am Anfang unseres Jahrhunderts aber hat Rudolf Steiner eine entgegengesetzte Behauptung vertreten. Ich möchte hier zwei von seinen diesbezüglichen Aussagen anführen.

«Das Herz», sagt Rudolf Steiner in einem Vortrag vom 24. 5. 1920, «wird durch das innerlich bewegte Blut in Tätigkeit versetzt . . . Die Tätigkeit des Herzens ist eine Folge der Bluttätigkeit, nicht die Bluttätigkeit eine Folge der Herztätigkeit.» In einem anderen Vortrag (2. 7. 1921) sagt er: «Die Bewegung des Blutes ist eine Eigenbewegung, und das Herz bringt nur zum Ausdruck, was die Bewegung des Blutes, die Kräfte verursachen. Das Herz ist tatsächlich nur das Organ, das ausdrückt die Blutsbewegung; das Herz hat gar keine Aktivität in bezug auf die Blutsbewegung.»

In der letzten Zeit wurden Beobachtungen mitgeteilt, welche die bis heute geltende Theorie, das Blut sei ein hämodynamisch passives Element, entschieden in Abrede stellen. So ist 1971 eine Mitteilung von J. E. Allen und H. Rasmussen (1) erschienen, in welcher die Verfasser feststellen, daß die Fähigkeit der Erythrozyten durch die Kapillare durchzudringen, unter Einwirkung einiger Hormone (Prostaglandin E_2, Epinephrin und Isoproterenol) gesteigert wird.

«Die Veränderungen», lesen wir in dieser Arbeit, «durch vasoaktive Substanzen zeigen, daß die Erythrozyten als ein aktives Element im Blutkreislauf angesehen werden müssen».

Auch ein anderes Phänomen wurde beobachtet, welches den erwähnten hämodynamischen Eigenschaften der Erythrozyten einigermaßen verwandt zu sein scheint: es ist die außerordentlich intensive «selbständige» Beweglichkeit der Lymphozyten, die in manchen entzündlichen Zustän-

den beobachtet werden kann (2). Auch die Bewegung der Lymphe in den lymphatischen Gefäßen kann nicht durch die Tätigkeit der «Herzpumpe» überzeugend erklärt werden.
Der Verfasser hat sich hier die Aufgabe gestellt, dieses Problem von verschiedenen Standpunkten aus zu beleuchten. Eine Aufgabe, zu der er sich durch Beobachtungen als Herzchirurg veranlaßt sah.

Bibliographie:

1 Allen, J. E.; Rasmussen, H.: Human Red Blood Cells: Prostaglandin E_2, Epinephrine and Isoproterenol alter Deformability. Science, Vol. 174, No. 4008, 1971.
2 Zweifach, B. W.; Grant, L. und McCluskey, R. T.: The inflammatory process. New York, Academy Press, 1965.
3 Appenzeller, K.: Blutkreislauf und Herzfunktion. Beiträge zu einer Erweiterung der Heilkunst 1960, 3, S. 94.
4 Wolff, O.: Zur Physiologie der Herz- und Kreislauffunktion. Beiträge zu einer Erweiterung der Heilkunst 1966, 1, S. 25.
5 Husemann, G. u. F.: Der hydraulische Widder und die Herzfunktion. Beiträge zu einer Erweiterung der Heilkunst 1974, 4, S. 155.
6 Schöffler, H. H.: Die Zeitgestalt des Herzens, Stuttgart 1975.

1. EXPERIMENTELLE UNTERSUCHUNGEN

Ist das Blut nur eine Flüssigkeit, die den Organismus ernährt und die irgendwie von außen in die Bewegung eingeführt ist? Wenn jemand die hämodynamischen Probleme erwägt, so lenkt er seine Aufmerksamkeit zuerst auf die physischen Eigenschaften des Blutes, dann – in minderem Grade – auf die chemischen und gar nicht auf die rein biologischen.

Das Blut ist eine flüssige Substanz oder, genauer ausgedrückt, eine kolloidale Suspension von Zellen. Außer verschiedenen physikalischen und chemischen Eigenschaften besitzt diese bemerkenswerte Flüssigkeit spezifische biologische Eigenschaften. Sie untersteht den Wachstumsgesetzen, ist immunologisch außerordentlich aktiv, ist also, kurz gesagt, den anderen Geweben des Körpers sehr ähnlich; und doch ist sie etwas vollkommen anderes. Blut ist ein außergewöhnliches und wichtiges Gewebe, das sich von allen anderen Geweben des Organismus mit ihren anatomisch eindeutigen Charakteristika vollkommen unterscheidet. Nur das Blut besitzt keine eigenen Konturen. Durch seine flüssige Konsistenz nimmt es jederzeit die Form des von ihr ausgefüllten Raumes an. Diese Form verändert sich fortwährend, und es ist fortwährend in Bewegung.

Darf man vernünftigerweise annehmen, dieses außergewöhnliche, in seiner Art einmalige und biologisch äußerst aktive Gewebe sei hämodynamisch so träge, daß sich seine Bewegung gleich verhält wie diejenige des artifiziellen Plasma?

Es ist allgemein bekannt, daß das Blut eine sehr genau «konstruierte» spezifische hämodynamische Morphologie besitzt. Der Viskositätsgrad des vollständigen Blutes ist 3,5 bis 5,5 mal höher als derjenige des Wassers; derjenige von Plasma jedoch nur 1,9 bis 2,6 mal höher. Der Unterschied in der Viskosität des gesamten Blutes und des Plasma ist für die Hämodynamik des Kreislaufes von erstrangiger Bedeutung.

In den Kapillaren oder sogar in feinen und mittleren Arterien und Venen ist die Strömung des Blutes laminar. Man darf also annehmen, daß dem Blute sozusagen der gleiche Widerstand entgegengebracht wird wie dem Plasma, d. h. daß er beinahe zweimal geringer sein muß, als er auf Grund der Blutviskosität errechnet werden kann.

Bei laminarer Strömung befinden sich die Blutzellen im zentralen Teil des Stromes. In der Nähe der Intima, den Gefäßwänden entlang, wo die Reibung deutlicher und die Bewegung langsamer ist, fließt beinahe reines Plasma. Es besteht auch eine Reibung zwischen den Zellen und dem Plasma. Keine Zweifel bestehen darüber, daß durch diese Anordnung bei der Fortbewegung des Blutes die Widerstände innerhalb des Kreislaufes erheblich vermindert werden.

Bei Versuchen mit Hunden wurde ein extrakorporaler Kreislauf angelegt, wobei wir die Zirkulation im Omentum des Tieres unter dem Mikroskop beobachteten. Wir stellten wiederholt fest, daß die roten Blutkörperchen sich zusammenballten, wobei sich verschieden große Agglomerationen bildeten, sobald die Pumpen gestoppt wurden und die Strömung des

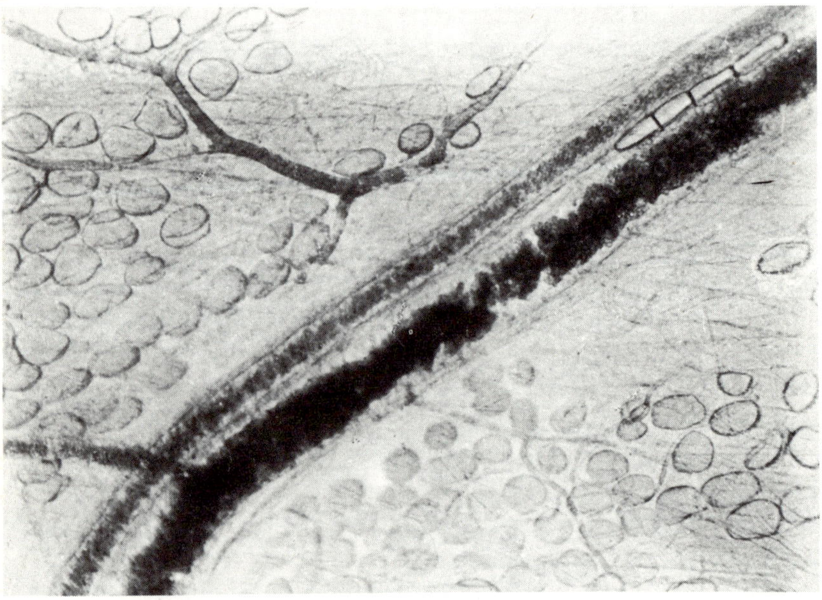

Abb. 1: Aggregationen von Erythrozythen in den Mesenterialgefäßen der Katze. Das breite Gefäß ist eine Vene, das enge eine Arterie (nach M. H. Knisely).

Blutes zum Stillstand gekommen war. Diese Klumpen bestanden üblicherweise aus locker zusammengeballten Zellen. Sobald die Bewegung des Blutes wieder einsetzte, zerstreuten sie sich augenblicklich wieder. Wir müssen betonen, daß dies in den meisten Fällen erfolgte; einige der erwähnten Zusammenballungen oder Agglomerationen bestanden jedoch aus stärker zusammenhaftenden Zellen und veränderten sich nicht mehr, wodurch sie die Blutgefäße blockierten.

Die Frage nach der Ursache dieser Ballungen scheint sehr wichtig. Sie sind den von vielen anderen Autoren beschriebenen Agglomerationen von Blutzellen ähnlich, möglicherweise sind sie mit ihnen sogar identisch. Diese Konglomerate werden als intravaskuläre Agglutinationen, intravaskuläre Erythrozyten-Ansammlungen, Erythrozyten – Agglutinationen, Konglutinationen, körnige Strömung und Blutschlamm (sludged blood) bezeichnet (Abb. 1).

Knisely, eine der bedeutendsten Kapazitäten auf dem Gebiete dieser im Blutstrom entstehenden Agglutinationen, glaubt, daß sie traumatisch verursachte, pathologische Erscheinungen sind (5). Er beobachtete solche Veränderungen des Blutes unter 50 verschiedenen Bedingungen, wie z. B. bei parasitären Krankheiten, Verbrennungen, schweren Traumata, Diabetes, Alkoholismus usw. Fåhreus (3) beobachtete die Bildung von intravaskulären Aggregationen roter Zellen sogar bei Schwangeren, wenn der Blutkreislauf gestoppt wurde.

Bei diesen von Knisely minuziös beschriebenen Aggregationen handelt es sich um fest aneinanderhaftende Erythrozyten-Ansammlungen. Knisely betont, daß diese Ansammlungen sehr solid zusammenhaften und daß diese deshalb durch die Blutbewegung nicht mehr in einzelne Zellen voneinander abgelöst werden können. Beobachtet man die Oberfläche eines Blutkörperchens einer solchen Anhäufung unter dem Elektronenmikroskop, erkennt man deutliche Veränderungen. Die Oberfläche ist von einer unebenen, halbdurchsichtigen, vakuolenartige Strukturen enthaltenden Substanz überzogen. Diese Substanz wirkt wie eine Art Kleister.

Außer mit diesen mechanischen Faktoren, versichern Bellis und Snow (2), steht das Zusammenkleben der Blutkörperchen auch mit dem reduzierten elektrokinetischen Potential in Zusammenhang. Wir werden hier jedoch den Entstehungsmechanismus solcher Ansammlungen nicht diskutieren. Es muß hervorgehoben werden, daß die Intensität der Aggregatentstehung sehr unterschiedlich ist. Es stellt sich hier die Frage, ob es sich bei der

Zusammenballung von Blutkörperchen bei der Bestimmung der Senkungsgeschwindigkeit, die bekanntlich in vitro erfolgt, nicht um das gleiche Phänomen handelt. Knisely vertritt hierüber sehr bestimmte Ansichten (S. 2274): «Die sorgfältige Prüfung der Blut-Senkungs-Reaktionen zeigen, daß a) diese Untersuchungen keine bekannten oder z. Z. erkennbaren Beziehungen zu den zahlreichen verschiedenen pathophysiologischen Vorgängen besitzen, unter denen die intravaskuläre Agglutination bekanntlich den Körper schädigt, und b) die Blutsenkungsreaktion, wie sie heutzutage ausgeführt wird, ihrerseits keine prognostische Bedeutung in bezug auf normale oder pathologische Zirkulationserscheinungen beim Patienten besitzen.» Es ist offensichtlich, daß die Bildung von Aggregaten einerseits und die Blutsenkung andererseits für Knisely vollkommen verschiedene Erscheinungen sind.
Das Vorhandensein von Eiweiß im Serum gilt als Hauptursache des Vorganges der Sedimentierung des Blutes. Je höher der Protein- und in erster Linie der Fibrinogengehalt des Blutes ist, um so rascher erfolgt die Sedimentierung. Während bei diesem Vorgang der chemische Faktor der Blutflüssigkeit bestimmend ist, scheinen bei der Aggregation morphologische Veränderungen eine bedeutende Rolle zu spielen. Knisely besteht mit Nachdruck darauf, daß es sich bei der intravaskulären Aggregation in vivo um einen pathologischen Vorgang handelt, der eine Schädigung des Blutes beweist.
Unsere eigenen Beobachtungen bei der Entstehung von Aggregaten in den Gefäßen des Omentum erfolgten sehr oft während der unterbrochenen Blutzirkulation und einer tiefen Hypothermie. Diese Feststellung haben nicht nur wir gemacht – ähnliche Beobachtungen stammen von Keen und Gerbode (4). Aggregationen bildeten sich auch in Fällen, wo wir die Operationen unter normalen Temperaturen ausführten. Diese Experimente verursachten immer ein Operationstrauma, gelegentlich sogar ein sehr erhebliches. Es ist demzufolge denkbar, daß bei unseren Experimenten eine Blutschädigung bestand, als Folge der Hypothermie oder des chirurgischen Traumas. Daraus geht hervor, daß die von uns beobachtete Aggregation von Erythrozyten auch unter die von Knisely für diese Erscheinung beschriebenen Voraussetzungen fällt.
Wir erkennen somit, daß bei einer Tendenz der Erythrozyten zur Bildung auch kleinster intravaskulärer Aggregationen eine Schädigung des Blutes stattgefunden hat; dieses Blut wäre alsdann als mehr oder weniger verändert zu betrachten und seine biologischen und hämodynamischen

Werte als reduziert. Somit scheint es nicht nur interessant, vielmehr praktisch wichtig, herauszufinden, ob, in welchem Ausmaß und wie rasch konserviertes (oder stabilisiertes) Blut zur Bildung von Aggregationen neigt. Immerhin brachte Knisely einen Vorbehalt an, der in Betracht zu ziehen ist. Er ist der Ansicht, daß in vitro keine Aggregationen entstehen können, sondern nur intravaskulär während der aktiven Blutzirkulation. Sollte es möglich sein, von diesem Standpunkt aus eine Blutbestimmung vorzunehmen, so würde uns dies vielleicht ermöglichen, die Biologie des Blutes und die Hämodynamik von einem neuen Blickwinkel aus zu betrachten.

Wir wollen hier die Bewegung des Blutes in den Gefäßen unter verschiedenen experimentellen und klinischen Bedingungen, insbesondere auch während chirurgischen Eingriffen, diskutieren. Durch die Einführung der Operationen am offenen Herz unter mittlerer oder tiefer Hypothermie

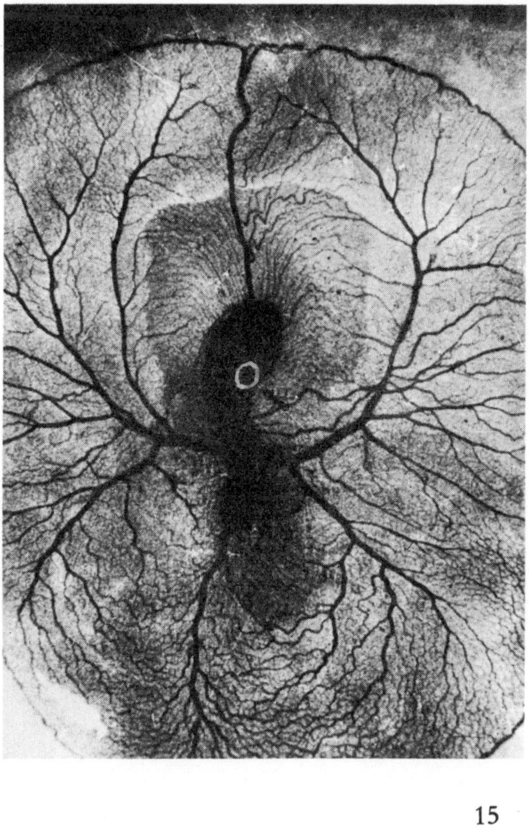

Abb. 2: Embryonalschild eines fünftägigen Hühnerembryo. In der Mitte der embryonale Körper; der weiße Kreis ist ungefähr so groß wie das embryonale Herz. Das Mißverhältnis zwischen dem großen Umfang des extraembryonalen Kreislaufs und dem kleinen Herzen ist auffällig.

und bei extrakorporaler Zirkulation werden viele Probleme der Hämodynamik in ein neues Licht gerückt.
Wir haben verschiedene Experimente durchgeführt, davon einige an 4 bis 5 Tage alten Hühnerembryonen, andere an Hunden und wenige an Kaninchen.
Bei 4 Tage alten Hühnerembryonen beobachteten wir, daß das Blut nach einer Herzexzision in den Venen, den Kapillaren und den kleinen Arterien des extraembryonalen Kreislaufsystems während 10 und manchmal sogar während 20 Minuten in der normalen Richtung weiterströmt, bis der Embryo ausgeblutet ist, wobei nur venöse und keine arteriellen Blutungen beobachtet wurden. Eine ganz ähnliche Versuchsanordnung verwandte K. Appenzeller (1) und fand auch vergleichbare Ergebnisse. Im Vergleich zu seinem Körper ist das Herz des 4tägigen Embryos klein und noch kleiner im Vergleich zur Embryonalscheibe. Deshalb ist die Blutung auch nicht so heftig. In den Hauptarterien wurde eine retrograde Bewegung festgestellt.
Bei 4- bis 5tägigen Hühnerembryonen folgte der Durchtrennung eines der arteriovenösen Hauptgefäße der Embryonalscheibe eine starke Blutströmung in normaler Richtung (d. h. vom Arterienstamm zu den

Abb. 3: Ein Hühnerei mit dem Embryonalschild eines viertägigen Embryo in einem Thermostat mit doppelten Wänden. Auf diese Weise ist die Erhaltung einer konstanten Temperatur gesichert. Ein Blutgefäß wird gerade durchgeschnitten.

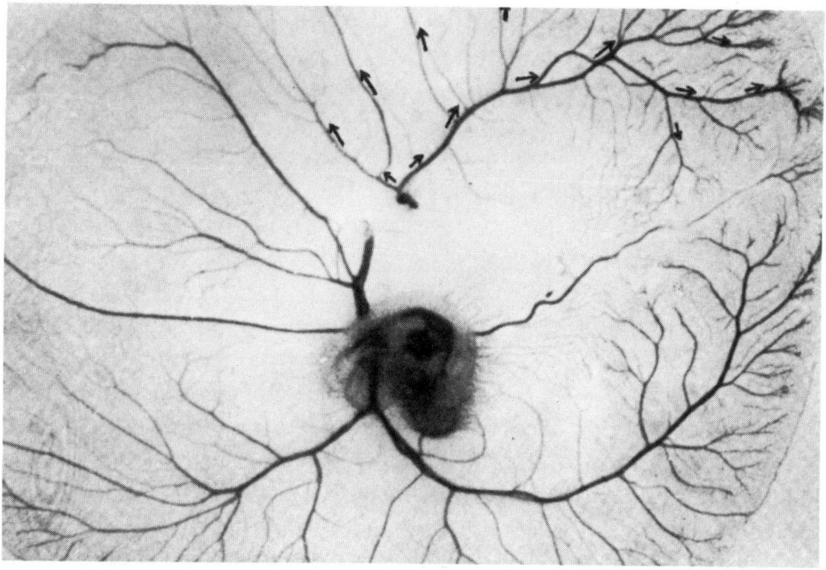

Abb. 4: Mikrophotographie eines viertägigen Hühnerembryo. Eine abgeschnittene Arterie ist sichtbar. Die Richtung der Blutbewegung nach dem Abschneider der Arterie ist durch Pfeile gekennzeichnet; die sehr intensive Bewegung des Blutes in der abgeschnittenen Arterie dauert ca. 3 Minuten.

Kapillaren), die 2 bis 3 Minuten dauerte. Es ist aber äußerst wichtig, daß die Embryonen sich hierfür in einem guten Zustand befinden und daß sie nicht von den Mikroskopierlampen ausgetrocknet oder überhitzt werden dürfen (Abb. 3 und 4).

Eine ähnliche Erscheinung wurde nach einer raschen Exzision des vorgelagerten Omentum bei Hunden beobachtet. Eine intensive Blutströmung in normaler Richtung dauerte in den Arterien und in einigen Kapillaren während 2 bis 3 Minuten an. In den Arterien des Omentum wurde eine allmähliche Abnahme der Blutbewegung während fünf Minuten und länger beobachtet.

Wir müssen hervorheben, daß bei keinem der genannten Experimente, die alle die Blutströmung in Gefäßen betreffen, die auf irgendeine Art vom Herzen abgetrennt worden waren, irgendwelche Kontraktionen oder Verengungen der Arterien unter dem Mikroskop festgestellt werden konnten.

Eine langsame, eher unbedeutende Verengung der Gefäße konnte bei Hühnerembryonen mit exzidierten Herzen beobachtet werden, dies jedoch erst nach fünf und mehr Minuten intensiven Blutens, hauptsächlich aus den Venen. Die Reduktion des Gefäßdurchmessers wurde durch die Blutung, nicht aber durch Kontraktionen der Gefäßwandmuskulatur verursacht.

Eine rudimentäre Zirkulation kann nicht nur im exzidierten Omentum beobachtet werden, sondern auch in anderen, vom Körper abgetrennten Organen, wie z. B. den Nieren, dem Herzen, der Leber oder der Milz. Die Operation muß rasch und geschickt ausgeführt werden, wenn der Zweck demonstriert werden soll.

Nach der Entfernung des Herzens sieht man das Blut aus dem Sinus coronarius fließen, während die Coronararterien nicht bluten und weit und leer bleiben. Zwar ist die Blutung aus dem Sinus coronarius nicht sehr profus, aber doch deutlich feststellbar; auch kann sie einige Minuten dauern. Das gleiche Bild blutender Venen und weit offener, leerer Arterien kann auch nach Entfernung einer Niere, der Milz oder der Leber gesehen werden. Im letzteren Fall sehen die Dinge etwas anders aus: die hepatischen Venen bluten, aber die Vene der Leberpforte ist leer und klaffend wie auch die Arterien.

Wir weisen darauf hin, daß nach einer Lungenexzision keine derartigen entleerten Arterien zu beobachten sind. Im Anschluß an eine rasche Abtrennung der Lunge beim Versuchstier fließt das Blut durch die Venen ab und, in retrograder Richtung, durch die Arterien. Die Ursache hierfür est augenfällig: die exzidierte Lunge zieht sich zusammen und kollabriert, wodurch das Blut durch die Venen und die Arterien ausgepreßt wird.

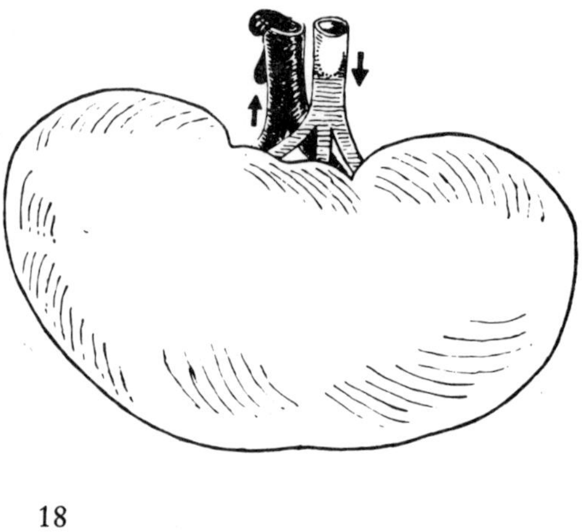

Abb. 5: Schematische Zeichnung einer Niere. Dargestellt ist die Bewegung des Blutes in den Gefäßen, die unmittelbar nach dem Abschneiden der Nierengefäße zu sehen ist. Aus der Vene fließt das Blut langsam tropfenweise heraus, die Arterie blutet dagegen nicht, ihr Querschnitt klafft; tief innen sieht man den konkaven Blutmeniskus, langsam in das Innere des Gefäßes sich zurückziehend.

Dieser zusätzliche Kontraktionsmechanismus besteht in anderen Organen wie Herz und Niere nicht.
Diese hier beschriebenen Tatsachen bestätigen unsere Wahrnehmungen über die Zirkulation nach der Abtrennung des Herzens bei 4tägigen Hühnerembryonen.
Unter diesen Bedingungen dauert die Zirkulation nicht durch Gefäßkontraktionen an. Ebensowenig wird die rudimentäre Zirkulation in den Nieren, dem Herzen und anderen aus dem Körper exzidierten Organen durch Gefäß-Spasmen veranlaßt. Wäre die Blutströmung von Gefäßkontraktionen abhängig, hätte man nicht nur Venenblutungen, sondern auch – retrograde – arterielle Blutungen feststellen können. Diese Arterienblutungen wären mindestens ebenso intensiv gewesen wie diejenigen aus den Venen, weil die Muskelschicht bei den Arterien besser entwickelt ist als bei den Venen. Die Arterien bluten aber bei diesem Experiment nicht – sie sind weit geöffnet und leer (Abb. 5).
Die Intensität der erwähnten rudimentären Blutungen in exzidierten Organen kann einigermaßen mit der Methode der retrograden Perfusion verglichen werden. Führt man nach einer raschen Herzexzision an einem Hund eine Kanüle in den Sinus coronarius und beginnt mit einer Perfusion mit frischem heparinisierteb Blut durch die Kanüle unter einem Druck von ± 20 cm Wassersäule, so beginnt das Blut erst nach ungefähr 20 Sekunden aus den Coronararterien zu fließen; wird die gleiche Perfusion von der Seite der Coronararterie her eingeführt, verursacht sie einen sofortigen Blutaustritt aus dem Sinus coronarius. Man darf ferner hinzufügen, daß die während der Perfusion in normaler Richtung ausströmende Blutmenge erheblich größer ist als diejenige, die während der retrograden Perfusion aus den Coronararterien austritt.
Ähnliche Beobachtungen können bei retrograden Perfusionen durch die vena portae gemacht werden. Nur sehr langsam und manchmal erst nach einem Unterbruch, der bis zu zehn Minuten dauern kann, fließt Blut durch die Arteria mesenterica.
In diesen Fällen beobachten wir unter dem Mikroskop, daß die Venen im Omentum überfüllt waren, während das Blut in den Arterien während 1 bis 2 Minuten in normaler Richtung weiterfloß, obwohl sie von der Aorta abgetrennt worden waren.
Das Blut selbst widersteht der retrograden Perfusion. Während einer gewissen Zeit verhindert die eigene Energie des Blutes die mechanische retrograde Strömung. Es muß also eine gewisse Zeit verstreichen, bevor

die retrograde Strömung einsetzt, und die künstlich erzeugte Strömung muß die inhärente physiologische Bewegung des Blutes zuerst überwinden.

Die rudimentäre Blutströmung ist nicht nur in Organen feststellbar, die vom Körper abgetrennt wurden; sie besteht ebenso im ganzen Organismus nach Ausschaltung der Herztätigkeit. Beim Menschen wurden für den Ausschluß des Herzens und den gleichzeitigen Unterbruch der Zirkulation die folgenden Methoden benützt:

1. Ausschalten des Herzens durch Abklemmen beider venae cavae in Normothermie während einer Dauer von max. 2 Minuten. Diese Methode wurde früher von einigen britischen Chirurgen (Logan) angewendet.
2. Ausschalten des Herzens durch Abklemmen beider venae cavae unter mittlerer Hypothermie, während 6-7 Minuten.
3. Ausschalten des Herzens durch Unterbruch der Herztätigkeit unter tiefer Hypothermie und gleichzeitigem Ausschalten des extrakorporalen Zirkulationsapparates während 30-60 Minuten (Drew).

Neben den vorstehend genannten Methoden, welche die übliche bei Operationen an Menschen angewandte Technik darstellen, entwickelten wir einige andere Verfahren zum Zirkulationsunterbruch bei Hundeexperimenten. Dabei handelt es sich um die folgenden Methoden:

1. Zirkulationsunterbruch in Normothermie durch Abklemmen der Aorta und der Arteria pulmonalis.
2. Zirkulationsunterbruch unter tiefer Hypothermie durch Abstellen des extrakorporalen Zirkulationsapparates und gelegentlich durch Abklemmen der Aorta und der Arteria pulmonalis. Mit diesem Vorgehen soll jede Möglichkeit eines Einflusses durch rudimentäre Herzkontraktionen (Herzkammerflattern) ausgeschlossen werden.
3. Beobachtungen von bestehender Zirkulation in Organen wie Omentum, Herz, Niere, Leber, Milz, die aus dem Körper exzidiert wurden.

Wir haben bei Operationen an Menschen wie auch bei Experimenten an Hunden beobachtet, daß das Blut noch nach der Ausschaltung des Herzens weiter durch die Venen fließt. Die folgenden Tatsachen haben dies bewiesen: ebenso wie bei den Menschen zeigte es sich bei den Tieren, daß die venae cavae sich erweiterten, wenn sie an der Übertrittstelle zum rechten Atrium abgeklemmt wurden; nachdem die Aorta und die Arteria pulmonalis abgeklemmt worden ist, erweitert sich das Tierherz innerhalb von zwei Minuten so stark, daß sein Umfang sich sogar verdoppelt.

Unsere Beobachtungen werden auch durch das von Houssay (9) in seinem Handbuch beschriebene Phänomen bestätigt: »Unter außerordentlichen Umständen erfolgt eine außergewöhnliche Anpassungsreaktion. Wenn sich die Pulsation des Herzens abschwächt oder aufhört, hört die venöse Zirkulation nicht sofort auf, auch dann nicht, wenn der arterielle Druck auf Null abfällt. Dies wird beobachtet, wenn das Herz durch Stimulierung des Vagusnervs gestoppt wird, und auch bei Kammerflimmern. In beiden Fällen erweitert sich das Herz zusehends, da sich der Inhalt kontinuierlich vergrößert, und die Venen werden in der Nähe des Herzens beträchtlich gestaut. Wird das Herz oder die vena cava eröffnet, so fließt reichlich Blut aus, und mehr als 50% des Blutvolumens kann aufgefangen werden, obwohl das Herz nicht mehr pulsiert« (S. 223).

Schließlich bestand in unseren Fällen auch ein erhöhter Venendruck. Häufig stieg er auf 20 mm Hg, während der Arteriendruck auf 0 abfiel, in vielen Fällen sogar unter 0. Es fand eine Umkehrung des Druckgefälles statt, indem der venöse Druck über den arteriellen anstieg. Diese Umkehrung des Druckgefälles erfolgte auf eigenartige Weise während der Zeit, wo das Blut immer noch von den Arterien in die Venen floß.

Es zeigt sich, daß das Phänomen der Druckumkehrung von großer Bedeutung ist. Diese Überkreuzung oder Umkehrung des Druckes beobachteten wir recht oft, ebenso während Operationen bei Menschen, die ein Ausschluß der Herztätigkeit erforderten, wie auch bei verschiedenen Tierexperimenten. Wir erstellten einen Bericht über 25 Beobachtungen von Druckumkehr-Erscheinungen. Diese Erscheinung beobachteten wir tatsächlich auch später sehr oft, haben aber in späteren Beobachtungen nicht in diese 25 Fälle eingeschlossen. Zehn Beobachtungen aus der genannten Serie von 25 erfolgten beim Menschen während Operationen an Herzen, die von der Zirkulation ausgeschaltet waren, und fünfzehn bei Experimenten an Hunden. Die Beobachtungen an den Menschen erfolgten in sechs Fällen während Operationen unter mittlerer, in vier Fällen unter tiefer Hypothermie.

Nach dem Ausschluß des Herzens während der Operation unter mittlerer Hypothermie entstand die Umkehrung des Druckgefälles in drei von sechs Fällen; in einem dieser Fälle war der Venendruck um 20 mm Hg höher als der arterielle Druck; in den beiden anderen Fällen war die Umkehrung des Druckgefälles weniger ausgesprochen. In zwei der übrigen drei Fälle war der Druck ausgeglichen, und in einem war der arterielle Druck einige mm Hg höher als der Venendruck.

Die Umkehrung des Druckgefälles wurde in allen Fällen beobachtet, in denen die Perfusion während tiefer Hypothermie unterbrochen wurde. Der venöse Druck war in allen vier beobachteten Fällen höher als der arterielle, wobei die größte Differenz 15 mm Hg war.

Fünfzehn Experimente wurden an Hunden ausgeführt. Der arterielle und der venöse Druck wurden nach der Ausschaltung des Herzens gemessen. Bei neun von elf nach verschiedenen Methoden unter tiefer Hypothermie operierten Tieren beobachteten wir, daß der arterielle Druckwert nach der Abschaltung der Perfusion unter den venösen abfiel. In zwei dieser Fälle fiel der arterielle Druck unter Null, bei einem Tier bis – 10 mm Hg (Abb. 6). Der größte Unterschied, den wir zwischen dem höheren Venen- und dem tieferen Arteriendruck beobachten konnten, war 18 mm Hg. Bei zwei von elf Versuchstieren wurde diese Umkehrung in der Druckkurve nicht wahrgenommen. Die Beobachtung der Blutzirkulation im Omentum dieser Tiere ergab, daß die Blutströmung während minimal 3 bis 5

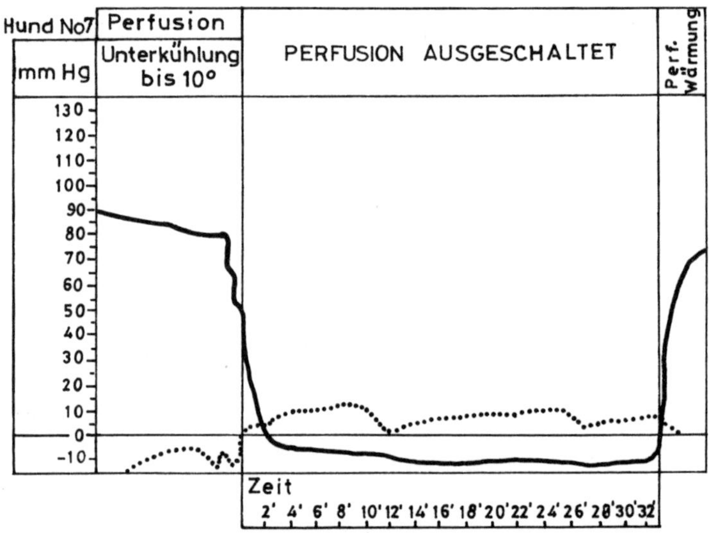

—— arterieller Blutdruck in der Femoralarterie.
······· venöser Blutdruck in der oberen Hohlvene.

Abb. 6: Hund Nr. 7. Tiefe Hypothermie nach Drew. Temperatur unter 10°. Diagramm des arteriellen und venösen Blutdrucks. Nach dem Ausschalten der Perfusion sinkt der arterielle Blutdruck auf minus 10 mm Hg herunter. Der venöse Druck stieg bis auf 13 mm Hg.

Minuten weiterbestand. In zwei Fällen blieb die Blutströmung während 10 Minuten erhalten, in einem Fall während 19 Minuten.
Bei vier Tieren klemmten wir die Aorta und die Arteria pulmonalis gerade oberhalb ihrer Coni ab. Die Operation wurde bei Normothermie unter Endotracheal-Anästhesie mit Curare durchgeführt. Nach dem Abklemmen der Arterien wurde die künstliche Beatmung unterbrochen. Bei zwei Hunden glich sich der Druck aus, bei den zwei anderen fiel der arterielle Druck auf Null, während der venöse auf 10 mm Hg stieg. In den Gefäßen des Omentum dieser Tiere blieb die Blutströmung nach der Herzausschaltung während einiger Minuten bestehen.
Um festzustellen, wie lange die Druckumkehrung bestehen kann, setzten wir die Aufzeichnung der intra-arteriellen und intra-venösen Druckmessungen während zwei Stunden fort. Sie glichen sich immer erst dann aus, wenn das Tier aus dem Atrium verblutet war.
Es ist denkbar, daß das Weiterbestehen der Druckunterschiede nach der Ausschaltung des Herzens auf einem Mechanismus beruht, der dadurch entsteht, daß es durch Aggregationen roter Zellen zu Kapillarokklusionen kommt. Diese Aggregationen entstehen immer, wenn ungerinnbares heparinisiertes Blut aufhört, in den Gefäßen zu zirkulieren. Eine solche Kapillarokklusion hindert das Blut daran, von der venösen Seite in das arterielle System zurückzufließen. Uns scheint diese Erklärung jedoch nicht befriedigend, denn die Druckunterschiede sind eher aktiven Ursprungs; auf dieses Problem werden wir später noch zurückkommen.
Den im vorstehenden beschriebenen Beobachtungen können wir noch eine weitere über die Zirkulation des 4tägigen Hühnerembryos anfügen. Sie steht nicht mit dem Unterbruch der Blutströmung in Zusammenhang, sondern vielmehr mit dem Wiederanlaufen des Zirkulationsmechanismus. Zweck dieses Experimentes war es, die Beeinflussung der Zirkulation durch die Herztätigkeit vollständig auszuschließen. Viertägige Hühnerembryonen wurden auf 10° C abgekühlt. Dies führte zu einem vollständigen Unterbruch von Zirkulation und Herztätigkeit. Der Embryo wurde dann herausgeschnitten, und nur die Embryonalscheibe wurde belassen. Darauf wurde die isolierte Scheibe auf 37° C erwärmt. Dieses Experiment wurde 30mal ausgeführt. In der Hälfte der Fälle blieb das Blut in den Gefäßen des Schildes bewegungslos, in der anderen Hälfte setzte die Zirkulation wieder ein, ungeachtet der Tatsache, daß die Embryonen nicht mehr vorhanden waren und demzufolge auch keine Herzen mehr. Diese neueinsetzende Strömung war beinahe so intensiv,

wie sie in Embryonenscheiben bei noch vorhandenen Embryonen gewesen war.
Die Zirkulation in diesen isolierten Embryonenscheiben unterschied sich von der normalen Zirkulation darin, daß das Blut in den Venen und Arterien in der gleichen Richtung floß, von den Kapillaren gegen das Zentrum, d. h. also, daß das Blut in den Venen in normaler Richtung floß, in den Arterien aber in verkehrter Richtung. Die Blutströmung hielt während einigen Minuten an, gewöhnlich bis zum Augenblick, wo die Gefäße durch Ausbluten blutleer geworden waren. In vier Fällen beobachteten wir, daß das Blut in einigen kleineren Arterien in normaler Richtung floß, d. h. von der Mitte gegen die Peripherie, in Richtung Kapillaren. Diese Strömung war langsam und nicht so intensiv wie diejenige in den größeren Gefäßen, trotzdem war sie aber doch sehr deutlich.
Aus der Zusammenfassung dieser Beobachtungen der Blutzirkulation nach Ausschaltung des Herzens können wir die folgende Schlüsse ziehen:

1. In 4 Tage alten Hühnerembryonen blieb die Blutzirkulation ungefähr 10 Minuten nach der Herzausschaltung erhalten. Wurde die große Arterie der Embryonenscheibe durchtrennt, bestand die Blutströmung in dieser Arterie in normaler Richtung während ungefähr 3 Minuten.
2. Die Blutzirkulation steht weder beim Menschen noch beim Versuchstier nach der Ausschaltung des Herzens sofort still. In exzidierten Organen, z. B. im Omentum, dauert die Zirkulation noch 2 bis 3 Minuten an. Nach dieser Zeit konnte eine langsame Blutströmung in normaler Richtung während weiterer 5 Minuten und auch länger beobachtet werden. Die Blutzirkulation des ganzen Körpers des Versuchstieres, einem Hund, funktioniert nach der Herzextraktion während einiger Zeit weiter, manchmal länger als 10 Minuten. Diese Erscheinungen sind grundsätzlich mit den Feststellungen identisch, die während der Experimente mit Hühnerembryonen gemacht wurden und in Absatz 1 beschrieben sind.
3. In den Embryonenscheiben von vier Tage alten Hühnerembryonen wurde die Blutzirkulation durch Unterkühlung auf 10° C unterbrochen. In 50% der Fälle setzte sie spontan wieder ein, nachdem die Temperatur wieder auf 37° C gebracht worden war, obwohl das Embryo selbst entfernt worden war und nur die Scheibe verblieb. Dieses Beispiel beweist die Bedeutung der Temperatur als Faktor im Bewegungsmechanismus der Blutströmung.

4. Nach der Entfernung von Organen wie Niere, Milz, Herz usw. fließt das Blut weiterhin tropfenweise aus den Venen aus. Die Arterien bluten nicht. Ihre Schnittstellen sind leer, und tief innen kann man eine konkave Scheibe beobachten, die sich langsam zurückzieht und unsichtbar wird.
5. Nach Ausschaltung des Herzens – entweder bei Operationen am offenen Herzen beim Menschen unter mittlerer oder tiefer Hypothermie oder bei Tierexperimenten – wurde die Umkehrung des Druckgefälles der Venen und Arterien in den meisten Fällen beobachtet. Der arterielle Druck fiel auf Null oder darunter, während der Venendruck auf 10, ja sogar auf 20 mm Hg stieg (Abb. 7).

Die in diesen fünf Punkten genannten Tatsachen scheinen zu beweisen, daß das Blut eine eigene inhärente Bewegungsenergie besitzt. Durch diese Energie bewegt sich das Blut unabhängig von der Herztätigkeit und von

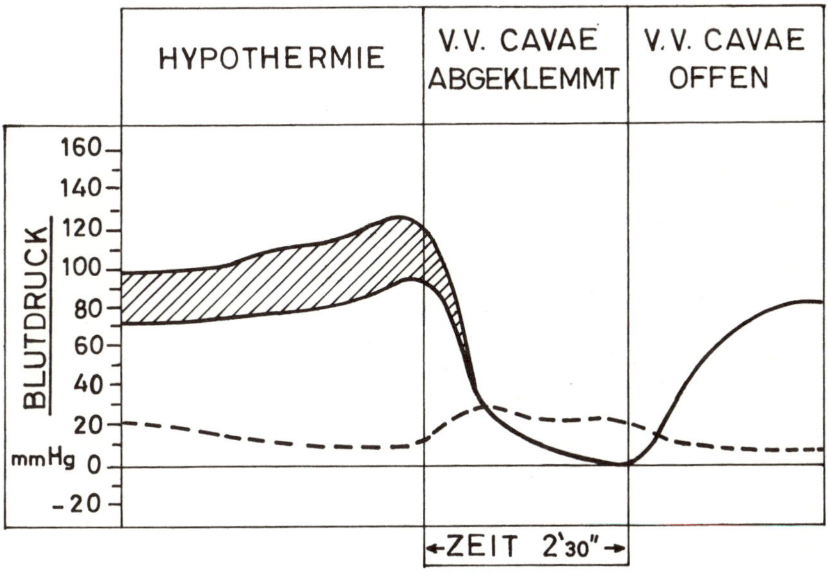

——— Blutdruck in der Brachialarterie.
- - - - Blutdruck in der oberen Hohlvene.

Abb. 7: Patient operiert wegen angeborener Pulmonalklappenstenose in mittlerer Hypothermie. Diagramm des arteriellen und venösen Blutdrucks nach der Konstriktion beider Hohlvenen. Der arterielle Druck sinkt zum Nullwert, der venöse Druck steigt auf 20 mm Hg.

anderen äußeren Einflüssen. Die von uns als rudimentär bezeichnete Zirkulation kann nicht auf der Verengung der Gefäße beruhen. Dies wurde an Hand der Experimente bewiesen, bei denen so wichtige Organe wie Nieren, Herz und Milz exzidiert wurden, worauf die angeschnittenen Venen bluteten, während die Arterien trocken und blutleer blieben.
Nach Ausschluß des Herzens floß das Blut in normaler Richtung weiter, ungeachtet der Tatsache, daß der Arteriendruck auf Null oder sogar darunter gefallen und der Venendruck deutlich über den Arteriendruckwert gestiegen war. Diese Erscheinung spricht als ein wichtiges Argument für das Vorhandensein einer spezifischen Bewegungsenergie im Blute selbst.
Man weiß, daß eine Flüssigkeit vom höheren Druck gegen den tieferen fließen muß. Fließt sie aber in umgekehrter Richtung, so kann dies nur darauf zurückzuführen sein, daß sie eine eigene Bewegungsenergie besitzt, denn es ist ausgeschlossen, daß hier ein externer Faktor eine Rolle spielen könnte. Man kann also die Eigenbewegungskraft des Blutes als eine Art Saugkraft bezeichnen; deswegen erhält man z. B. bei der Messung des Widerstandes im Gefäßnetz unrichtige Resultate.
Unserer Auffassung nach beweisen die genannten Tatsachen das Bestehen einer dem Blute inhärenten Bewegungsenergie. All diese zahlreichen Versuchsergebnisse geben leider keinerlei Aufschluß quantitativer nrt. Solche Angaben könnten nicht nur die These von der Eigenbewegungskraft des Blutes unterstützen, sie würden sogar ein unbestreitbares Argument für ihre Richtigkeit darstellen.
Um solche quantitativen Angaben zu erhalten, führten wir weitere Experimente durch, über die wir hier kurz berichten.
Ausgangspunkt unserer Experimente waren die von Thompson (8) 1948 durchgeführten Versuche. Er injizierte seinen Hunden Heparin und führte eine intratracheale Narkose mit Curare und künstliche mechanische Beatmung durch. Während dieser Zeit wurde der Sauerstoffsättigungsgrad des Arterien- und Venenblutes des Tieres gemessen. Nach diesen Beobachtungen wurde die Beatmung bis zur Asphyxie abgestellt. Eine halbe Stunde nach dem Herzstillstand wurde die künstliche Beatmung wieder eingesetzt. Der Sauerstoffgehalt des Arterienblutes war auf den Gehalt des Venenblutes nach dem Ersticken gesunken. Nach dem Wiedereinsetzen der Beatmung stieg er innert ca. 10 Minuten bis auf 100% an. Bei diesem Experiment wurden als Indikatoren radioaktives Natrium und Fluoreszein intravenös injiziert. Es wurde festgestellt, daß

sie in das Arteriennetz gelangt waren. Darauf folgerte Thompson, daß die Respirationstätigkeit ohne gleichzeitige Herztätigkeit genügt, um die Blutzirkulation bis zu einem gewissen, zwar nicht lebenserhaltenden, aber doch nennenswerten Grade bestehen zu lassen. Nach Thompson wirkt die rhythmische Inflation und Deflation der Lungen als wirksam arbeitende Pumpe.

Zwar scheint Thompsons Auffassung berechtigt; immerhin sind jedoch gewisse Vorbehalte angezeigt. Er erklärt nicht, was mit der Zirkulation des asphyxierten Hundes geschehen wäre, wenn die Beatmung nicht wieder aufgenommen worden wäre. Es erheben sich doch gewisse Zweifel darüber, ob die Blutbewegung tatsächlich in dem Augenblick aussetzt, wo die rhythmisch durchgeführte künstliche Beatmung abgesetzt wird.

Um den nach einem Herzstillstand bestehenden Zirkulationsmechanismus besser zu kennen, wiederholten wir die Experimente Thompsons, zuerst in der von ihm beschriebenen, nachher in abgewandelter Form.

In der ersten, nach dem Verfahren von Thompson durchgeführten Experimentengruppe wurde die Sauerstoffsättigung des Arterien- und Venenblutes bei dreizehn heparinisierten und narkotisierten Hunden gemessen. Alsdann wurde die Beatmung bis zur Asphyxie des Tieres abgesetzt. Nach 15 bis 30 Minuten nach dem Herzstillstand wurde die Sauerstoffsättigung wieder bestimmt. Die Beatmung wurde jetzt wieder aufgenommen und der Sauerstoffsättigungsgrad des Arterien- und Venenblutes erneut gemessen (Abb. 8 und 9).

In einer zweiten Gruppe von 18 Experimenten wurden die gleichen Vorbereitungen durchgeführt, jedoch ohne daß die Beatmung wieder aufgenommen wurde. Nach der Asphyxie und 10 bis 15 Minuten nach dem Herzstillstand wurde Sauerstoff durch den Endotrachealtubus ohne rhythmische Respirationsbewegungen in die Lungen geblasen (Abb. 10 und 11).

Bei beiden Experimentengruppen stieg der Sauerstoffgehalt des Blutes nach der Beatmung oder der Sauerstoff-Insufflation der Lungen sehr deutlich an. Nach der Wiederaufnahme der künstlichen Beatmung stieg der Sauerstoffgehalt des Arterienblutes auf 100%; nach der kontinuierlichen Sauerstoff-Insufflation in die Lungen stieg er von 20 bis 30% auf 85%.

Wir beobachteten auch den Übergang von Farbstoff (Evans-Blau, T-1824) aus dem venösen in das arterielle Gefäß-System bei asphyxierten Tieren, bei denen die Beatmung wieder aufgenommen oder die Insuffla-

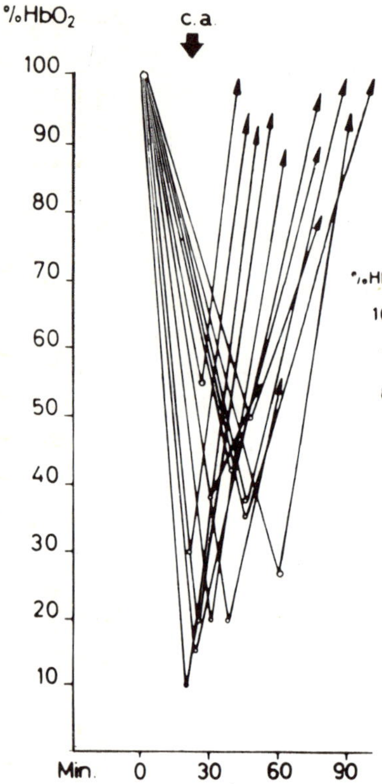

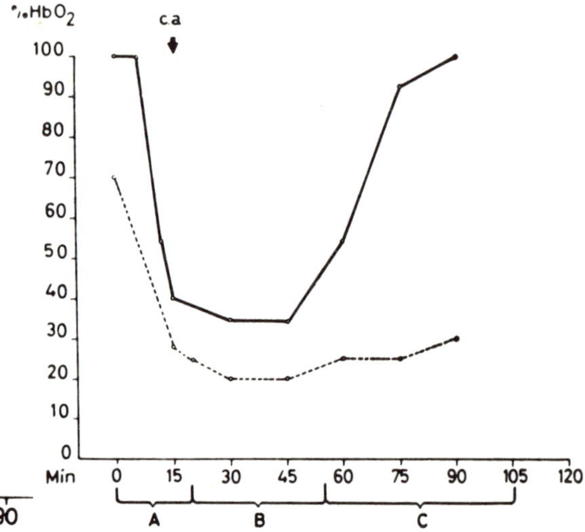

Abb. 8: Zusammenstellung der Sauerstoffsättigungskurven im arteriellen Hundeblut. Der Ausgangspunkt der Kurven entspricht der arteriellen Sauerstoffsättigung bei lebenden Hunden. Die nach unten gerichtete Zacke der Kurve: Sauerstoffsättigung nach Herzstillstand (c. a.); die in Pfeile ausgehenden, nach oben gerichteten Zacken entsprechen der Sauerstoffsättigung des Blutes, nachdem die Hunde mit still stehendem Herzen kontrolliert beatmet wurden.

Abb. 9: Arterielle Sauerstoffsättigungskurve (kontinuierliche Linie) und venöse Sauerstoffsättigungskurve (gestrichelte Linie) beim Hunde in intratrachealer Narkose – der Hund wurde heparinisiert. Anfang der Kurve: Arterielle und venöse Sauerstoffsättigung bei intratrachealer Narkose. Der mit A bezeichnete Abschnitt entspricht der Phase des Herzstillstandes (c. a.); der mit B bezeichnete Abschnitt entspricht einer Unterbrechung der kontrollierten Beatmung nach dem Herzstillstand; der mit C bezeichnete Abschnitt entspricht der Wiederaufnahme der kontrollierten Beatmung (das Herz steht weiterhin still), – Normalisierung der arteriellen Sauerstoffsättigung.

tion der Lungen mit Sauerstoff erfolgt war. Der Farbstofftransport war so deutlich, daß das Quantum des transportierten Blutes bestimmt werden konnte. Das Resultat lag zwischen 105 und 962 ml/Minute. Das Volumen der Blutzirkulation wurde bei sechs Hunden bestimmt.

Die artifizielle Beatmung und die Sauerstoff-Insufflation der Lungen asphyxierter Hunde erzeugten charakteristische Ausschläge der Farbverdünnungskurven. Dadurch konnte die Zirkulationszeit des Blutes bestimmt werden; sie war stark verlängert und dauerte 6 bis 8 Minuten bei

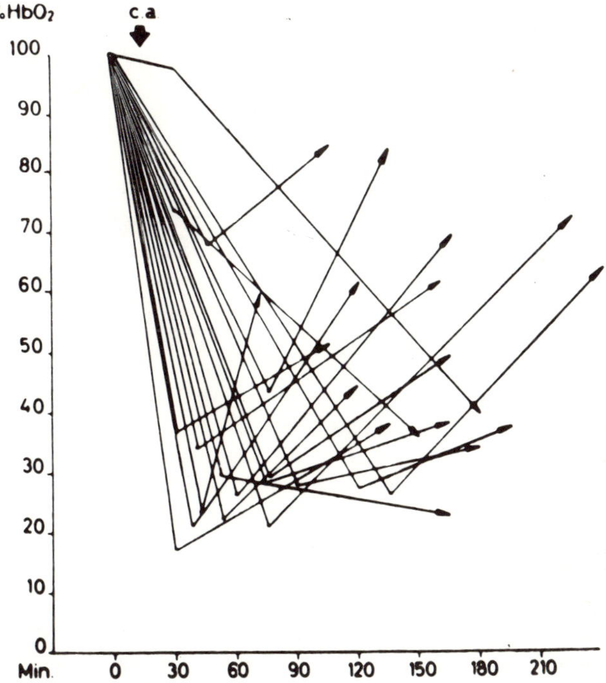

Abb. 10: Zusammenstellung arterieller Sauerstoffsättigungskurven im Hundeblut. Der Ausgangspunkt der Kurven entspricht der arteriellen Sauerstoffsättigung bei lebenden Hunden; die mittlere Zacke der Kurven entspricht der arteriellen Sauerstoffsättigung nach Herzstillstand (c. a.); der letzte, mit einem Pfeil bezeichnete Abschnitt entspricht der Sauerstoffsättigung bei Hunden mit still stehendem Herzen, nach Wiederaufnahme einer kontinuierlichen Sauerstoffinsufflation (ohne rhythmische Bewegungen). Nach dem Start der Lungeninsufflation stellt man einen deutlichen Anstieg der Sauerstoffsättigung fest. Nur in 3 Fällen (von 18 untersuchten) fielen die Sauerstoffsättigungskurven ab, in den übrigen stiegen sie an.

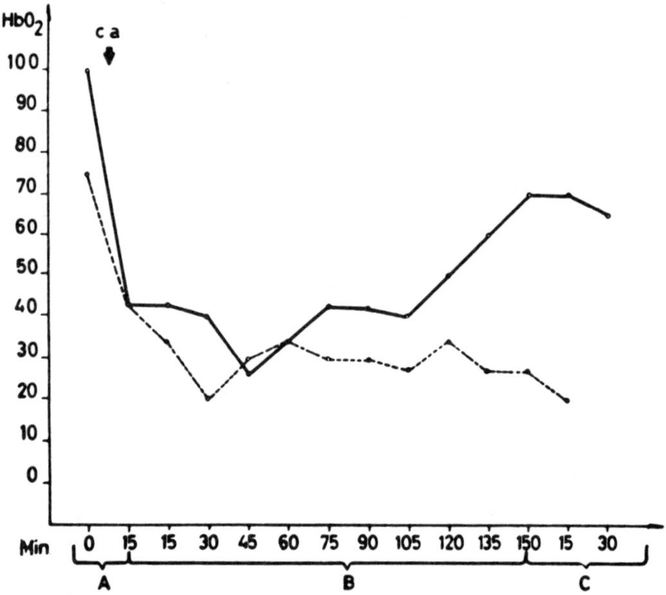

Abb. 11: Sauerstoffsättigungskurve des arteriellen (kontinuierliche Linie) und des venösen (gestrichelte Linie) Blutes beim Hund in intratrachealer Narkose – der Hund wurde heparinisiert. Der Anfang der Kurve entspricht der arteriellen und venösen Sauerstoffsättigung in intratrachealer Narkose. Der mit A bezeichnete Abschnitt entspricht einer Unterbrechung der kontrollierten Beatmung bis zum Moment des Herzstillstandes (c. a.). Der mit B bezeichnete Abschnitt entspricht dem Zeitabschnitt, in dem die Lungen mit Sauerstoff insuffliert wurden, (ohne rhythmische Bewegungen auszuführen). Der mit C bezeichnete Abschnitt entspricht der Zeit, in der die Sauerstoffzufuhr zu den Lungen wiederum abgestellt wurde, die Sauerstoffsättigung sinkt wieder.

einem normalen Blutkreislauf der Hunde von 15 Sekunden. Er war demnach gegenüber normalen Bedingungen um das 20- bis 30fache verzögert.

Während der ganzen Versuchsdauer von 1 bis 2 Stunden war in den Gefäßen des Omentum eine mehr oder weniger deutliche Blutströmung festzustellen.

Die dritte Experimentengruppe betraf sieben Hunde; bei diesen kamen weder künstliche Beatmung noch Insufflation in Anwendung. Es wurde einzig versucht, das zirkulierende Blutvolumen im asphyxierten Tier zu bestimmen. Intravenös injiziertes Evans-Blau konnte in den Arterien nicht gefunden werden.

Es muß nochmals betont werden, daß die Blutzirkulation beim Fehlen der Herztätigkeit nicht auf eine Vasokonstriktion zurückgeführt werden kann. Dies wird durch die folgenden Beobachtungen demonstriert:

1. Bei erstickten Tieren wurde keine «spontane» Zirkulation beobachtet, wenn weder die mechanische Beatmung wieder eingesetzt noch eine Sauerstoff-Insufflation vorgenommen wurde.
2. Das Gefäß-System eines vor mehr als 30 Minuten erstickten Tieres kommt einem anatomischen Modell gleich. Es besitzt keine Kontraktionsfähigkeit mehr.
3. Das Argument, daß die spontane oder rudimentäre Zirkulation des Blutes auf eine Vasokonstriktion zurückgeführt werden könnte, ist hinfällig, nachdem gezeigt wurde, daß die Blutbewegung in den Gefäßen exzidierter Organe wie Niere, Herz usw. noch einige Zeit weiterdauert.

Die in dieser Arbeit beschriebenen Experimente zeigen, daß beim Hunde nach Ausschaltung der Herztätigkeit durch eine akute Anoxie die Blutzirkulation noch während einiger Zeit weiterbestehen kann. Die für die Erhaltung dieser Zirkulation notwendigen Voraussetzungen bestehen in der Wiederherstellung einer genügenden Sauerstoffsättigung. Diese Zirkulation darf als ziemlich intensiv beurteilt werden, war das zirkulierende Blutvolumen doch recht erheblich (beim Hund bis zu 500 ml und darüber), wodurch eine hohe Sauerstoffsättigung des Arterienblutes gesichert blieb. Auch unter ungünstigen Voraussetzungen, wenn der Sauerstoff durch kontinuierliche, nicht rhythmische Insufflation in die Lungen gelangte und nicht durch mechanische Beatmung, erreichte die Sauerstoffsättigung des arteriellen Blutes 85%. Mit mechanischer Beatmung erreichte die Sättigung trotz des Herzstillstands sogar 100%.

Die in diesen Experimenten beobachtete Zirkulation unterscheidet sich stark von der physiologischen Zirkulation. Es besteht kein meßbarer Blutdruck, die Kreislaufzeit ist stark verlängert und das Volumen des zirkulierenden Blutes reduziert. Trotzdem darf man sie nicht als rudimentäre Zirkulation bezeichnen, da bei einer Beobachtungszeit von einer Stunde und mehr keine Anzeichen ihres Ausklingens festzustellen waren. Wir haben beobachtet, daß die Zirkulation sogar zwei Stunden nach dem Herzstillstand noch bestand, dies begreiflicherweise jedoch nur, während für die Sauerstoffzufuhr zum Blut gesorgt wurde. Man darf annehmen, daß sie auch noch viel länger dauern könnte.

Die Ansicht Thompsons, nach der die Zirkulation von der mechanischen Beatmung abhängig sei, wobei der mechanische Faktor des Pumpens die Hauptursache der Blutbewegung darstelle, wurde nicht bestätigt. Diese wohl am besten als «spontan» bezeichnete Zirkulation kann auch dann noch beobachtet werden, wenn die Beatmung abgesetzt wurde und nur noch eine andauernde, aber nicht rhythmische Sauerstoffzufuhr zur Lunge erfolgte.

Die in dieser Arbeit gezeigten Tatsachen beweisen, daß die Energie, welche das Blut nach Ausschaltung der Herztätigkeit in Bewegung hält, mit dem Blute in direktem Zusammenhang steht. Mit anderen Worten: das Blut besitzt eine eigene Bewegungsenergie. Diese Energie muß wohl recht beträchtlich sein, wird sie doch sogar unter unphysiologischen Versuchsbedingungen deutlich manifest. Es ist vorstellbar, daß diese Energie unter physiologischen Voraussetzungen sich als noch wirkungsvoller und als ein grundlegender Faktor der Hämodynamik erweist.

Die in der letzten Experimentengruppe gemachten Beobachtungen liefern die nötigen quantitativen Angaben über die Eigenbewegung des Blutes. Die Quantitätsbestimmungen der Eigenbewegungsenergie, über die in dieser Arbeit referiert wird, erlauben uns, obwohl diese Bewegung nur in rudimentärer Form beobachtet wurde, die Auffassung zu vertreten, daß es sich um eine wichtige Energie handelt.

Zusammenfassend darf festgestellt werden, daß die bei den im ersten Teil dieser Arbeit beschriebenen Experimenten und die aus den in vorstehenden beschriebenen Versuchen erlangten Angaben nach Ansicht des Autors den sicheren Beweis dafür erbringen, daß das Blut eine eigene Bewegungsenergie besitzt. Gestützt auf unsere Beobachtungen darf gesagt werden, daß das Blut eine spezifische und spontane Fähigkeit zur Fortbewegung innerhalb des Zirkulationssystems besitzt, welche nicht von der Herztätigkeit abhängt.

Schlußbemerkungen

Die überall in der Natur anzutreffenden mechanischen Kräfte besitzen ein klar definiertes Aktionsfeld. Diese Kräfte wirken von außen auf die Körper ein, bewegen sie und verändern ihre Lage. Die einen Körper in Bewegung setzende Kraft kann an einem einzigen bestimmten Punkt wirken. Sie kann aber auch ein breiteres Aktionsfeld besitzen. Sie kann ziehen oder stoßen; im wesentlichen bleibt sie sich aber immer gleich. Es erhebt sich die Frage, ob bei der Entfaltung dynamischer Kräfte noch ein anderer Mechanismus besteht und ob es einen Mechanismus gibt, der sich von den genannten Kräften wesentlich unterscheidet. Diese Frage ist zu bejahen. Grundlegend verschieden ist die Wirkung der Schwerkraft. Sie steht mit keiner von außen wirkenden Stoß- oder Zugkraft in Zusammenhang und manifestiert sich durch die Masse eines ihr unterstellten Gegenstandes. Die Schwerkraft wirkt sich auf jedes materielle Partikel aus. Etwas ähnliches erfolgt in der Auswirkung der Bewegungsenergie des Blutes. Das Blut bewegt sich, angetrieben von einer Energie, die sich auf jeden Teil seiner Substanz bezieht, so wie die Schwerkraft sich auf die ganze Substanz der ihr unterliegenden Körper auswirkt. Der Aktionsmechanismus dieser beiden Kräfte, d. h. der Schwerkraft und der Bewegungsenergie des Blutes, ist gewissermaßen identisch. Der Wirkungsunterschied der beiden Kräfte oder Energien besteht darin, daß die Schwerkraft «monoton», d. h. nur in einer Richtung, nämlich gegen den Erdmittelpunkt, wirkt, während die Bewegungsenergie des Blutes so eng mit dem (menschlichen oder tierischen) Organismus verbunden ist, daß die Richtung ihrer Wirkung und ihre Kraft von den individuellen Anforderungen jeden Lebewesens abhängt.

Das Wissen um die eigene Bewegungsenergie des Blutes, die man auch als seine Fähigkeit, sich spontan im Zirkulationssystem zu bewegen, bezeichnen kann, ist nicht die Entdeckung des Autors. Er hat diesen Gedanken nicht als erster geäußert. Er befaßt sich mit seinem Mitarbeiterstab seit 1956 mit der Erforschung dieses Problems. Die Anregung zu diesen Forschungen erhielt er von Rudolf Steiner (7), der sich so ausdrückte: «Die Bewegung des Blutes ist eine Eigenbewegung ... Das Herz ist tatsächlich nur das Organ, das ausdrückt die Blutsbewegung; das Herz hat gar keine Aktivität in bezug auf die Blutsbewegung», eine Feststellung, die auf eigenen Untersuchungen beruht. Auch Appenzeller (1) hat das gleiche Problem diskutiert.

Der Autor kannte Steiners These von der Eigenbewegungsenergie schon lange. Aber erst um die Mitte der fünfziger Jahre bot sich ihm die Gelegenheit, diese Probleme selbst zu erforschen, als auf seiner chirurgischen Station die Herzchirurgie möglich geworden war. So war die Lösung des Problems schon bekannt, bevor die Forschungsarbeiten begannen. Die Aufgabe bestand darin, Argumente für diese These zu finden, die den Anforderungen der modernen Medizin genügen, sowie

Resultate, die das Bestehen einer spontanen Blutsbewegung im Körper bestätigen.

Im März 1960 langte ein Schreiben von Dr. Kashio ein, dem ein Buch von K. Nishi (6) beilag. In diesem Buch stellt Nishi (Dr. Kashios Lehrer) die These auf, daß die Blutzirkulation nicht vollständig von der Herztätigkeit abhänge, daß sie vielmehr eine Auswirkung einer speziellen Eigenschaft der Kapillaren sei, die gemäß den Gesetzen der Physik das Blut ansaugen und dadurch seine Bewegung verursachen. Nishi gibt eine detaillierte Analyse des Problems der Blutzirkulation vom physikalischen Standpunkt aus betrachtet. Er gelangt zur Schlußfolgerung, daß die Bewegung des Blutes nicht nur auf der Herztätigkeit beruht.

Nishis These von den physikalischen Eigenschaften der Kapillaren als Ursache der Blutbewegung enthält jedoch einen grundsätzlichen Irrtum. Die Kapillaren entfalten ihre Saugwirkung sowohl von der Seite der Venen als auch von derjenigen der Arterien aus, so daß sich diese Wirkungskräfte gegenseitig aufheben. So irrtümlich diese Theorie auch ist, so lenkt sie doch die Aufmerksamkeit auf die wichtige Tatsache, daß es eine extracardiale Energiequelle gibt, die dazu beiträgt, das Blut in Bewegung zu halten. Obschon seine Schlußfolgerungen ganz falsch orientiert sind, bemüht sich Nishi in seiner Arbeit doch, die bis anhin vorherrschende Meinung über das Wesen der Blutzirkulation zu korrigieren.

Bibliographie:

1 Appenzeller, K. (1960): Blutkreislauf und Herzfunktion. Beiträge zu einer Erweiterung der Heilkunst, 13, Nr. 3.
2 Bellis, C. J., und Snow, H. J. (1950): Sludged blood. The electrokinetic factors involved. Ann. Western Med. Surg., 4, 223.
3 Fåhreus, R. (1918): Hygea, 80, 369.
4 Keen, C., und Gerbode, F. (Febr. 1963): Observations on the microcirculation during profound hypothermia. Jour. Thor. Cardiovasc. Surg., 45/2, 252.
5 Knisely, M. H. (1965): Intravascular erythrocyte aggregation/blood sludge. Handbook of Phys. Circulation, Vol. 3, Amer. Physiol. Soc., Washington.

6 Nishi, K. (1936): Nishi System of Health Engineering, Tokyo, Maruzen.
7 Steiner, Rudolf (1921), zitiert nach K. Appenzeller.
8 Thompson, S. A. (1948): Effect of pulmonary inflation and deflation upon circulation. Jour. Thoracic Surg., 17, 328.
9 Houssay, B. A.: Human Physiology. McGraw – Hill Book Comp., New York 1955.

Frühere Veröffentlichungen des Verfassers über den gleichen Gegenstand (in französischer und englischer Sprache):

Manteuffel-Szoege, L., und Gonta, J. (1958): Reflexions sur la nature des fonctions mécaniques du coeur. Minerva Cardioangiologica Europea VI, 261–7.

Manteuffel-Szoege, L., Turski, C., und Grundman, J. (1960): Remarks on energy sources of blood circulation. Bull. Sociéte Intern. Chirur., XIX, 371-4.

Manteuffel-Szoege, L. (1960): Observations on energy sources of blood circulation. Polish Med. Science and Hist., Bull. III, 86.

Manteuffel-Szoege, L. (1960): Energy sources of blood circulation and the mechanical action of the heart. Thorax, XV, 47.

Manteuffel-Szoege, L. (1962): New observations concerning the haemodynamics of deep hypothermia. Journ. Cardiovasc. Surg., III, 316.

Manteuffel-Szoege, L. (1963): Haemodynamic disturbances in normo- and hypothermia with excluded heart and during acute heart muscle failure, Journ. Cardiovasc. Surg., IV. 551.

Manteufel-Szoege, L. (1964): On stopping and restarting of circulation in deep hypothermia, Journ. Cardiovasc. Surg., V, 76.

Manteuffel-Szoege, L., Michalowski, J., Grundman, J., und Pacocha, W. (1966): On the possibility of blood circulation continuing after stopping the heart. Journ. Cardiovasc. Surg., VII, 201.

Manteuffel-Szoege, L. (1969): On the movement of the Bloodflow. Journ. of Cardiovasc. Surg. X, 1. Übersetzt ins Deutsche in: Beiträge zur Erweiterung der Heilkunst 1971, S. 41–53.

Manteuffel-Szoege, L. (1969): Remarks on blood flow. Journ. Cardiovasc. Surg. X, 22.

2. ANMERKUNGEN ÜBER DIE MECHANISCHE TÄTIGKEIT DES HERZENS

Wenn man die Auffassung von der dem Blute eigenen Bewegungsenergie einmal übernommen hat, ist es notwendig, die Hämodynamik der Zirkulation von einem vollkommen anderen Blickwinkel aus zu betrachten.

Die Blutbewegung kann nicht ausschließlich von der Tätigkeit des Herzens abhängen, welches eine ganz andere Funktion ausübt, als allgemein angenommen wird. Das Herz ist in ein Zirkulationssystem eingeschaltet, welches, wie schon gezeigt wurde, bis zu einem gewissen Grade unabhängig von der Tätigkeit dieses «hydromechanischen Apparates» funktioniert. Welches ist nun aber die wirkliche Tätigkeit eines solchen «Instrumentes»?

Wir wollen hier die aufeinanderfolgenden Stadien des Blutdurchflusses durch das Herz betrachten. Wie schon erwähnt, ist das Herz in einen ständig fließenden Blutstrom eingefügt. Suchen wir in der Hydrodynamik nach einem entsprechenden System, so finden wir den hydraulischen Widder.

Diese Auffassung, daß die Tätigkeit des Herzens derjenigen des hydraulischen Widders entspricht, haben schon K. Schmid (4), R. Steiner (5) und H. Havlicek (1) dargelegt; zuletzt F. u. G. Husemann (7).

«Schmid denkt sich den ganzen Vorgang der Herzbewegung und des Herzstoßes wie die Tätigkeit des hydraulischen Widders, der durch die Strömungen in Bewegung gesetzt wird. Darin liegt das Wahre, was den Ausführungen des Dr. Karl Schmid innewohnt» (R. Steiner, 5). Dies besagt, daß nach Steiner die Arbeitsweise des Herzens entsprechend derjenigen eines hydraulischen Widders zur Auffassung berechtigt, der Blutstrom entstehe nicht im Herzen, sondern im Blute selbst (durch die dem Blute eigene Energie). Demnach ist es nicht das Herz, welches das

Blut in Bewegung setzt. Vielmehr wird das Herz durch das Blut angetrieben. In anderen Worten: das Blut bestimmt die Bewegungen des Herzens. «Die Bewegung des Blutes ist eine Eigenbewegung ... Das Herz ist tatsächlich nur das Organ, das ausdrückt die Blutsbewegung; das Herz hat gar keine Aktivität in bezug auf die Blutsbewegung» (Steiner).
Ich möchte hier kurz den prinzipiellen Aktionsmechanismus eines hydraulischen Widders darlegen, was ich früher in einer Arbeit über die Herztätigkeit schon einmal unternahm (3). Die Funktionsweise dieses Apparates beruht zur Hauptsache darauf, daß die im fließenden Wasser vorhandene kinetische Energie durch den plötzlichen Unterbruch des Durchflusses in die potentielle Druckenergie umgewandelt wird.
Die Konstruktion des hydraulischen Widders ist aus Abb. 12 ersichtlich. Das Wasser fließt aus dem Behälter A durch das Rohr B zum Ventil C.

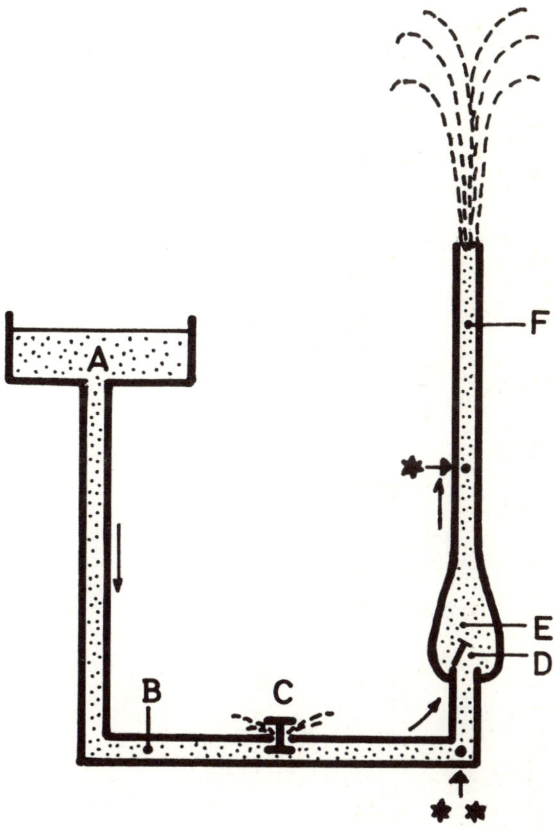

Abb. 12: Schematische Zeichnung eines vom Verfasser konstruierten hydraulischen Widders. Mit einem Stern wurde die Kathedereinführungsstelle in das Analogon einer großen Arterie bezeichnet; mit zwei Sternen die Kathetereinführungsstelle in das Kammeranalogon.

Das Ventil bietet dem durchfließenden Wasser durch sein Gewicht einen gewissen Widerstand; es wird jedoch schließlich von der Strömung gehoben, wodurch die Öffnung verschlossen wird. Der plötzliche Unterbruch der Zuleitung verursacht einen starken Druckanstieg, wie im vorstehenden Abschnitt beschrieben wurde. Der ansteigende Druck öffnet das Ventil D, und es fließt Wasser durch dieses in das Rohr E und dann aus dem Rohr F hinaus. Wenn das Wasser in Rohr F den Wasserstand des Reservoirs A erreicht, schließt sich das Ventil D durch das Gewicht des darüberstehenden Wassers. So kann das in F aufgefangene Wasser nicht nach B zurückfließen. In diesem Augenblick beginnt der Vorgang von neuem.
Um den hydraulischen Widder in Funktion zu setzen, muß das Ventil C einige Male heruntergedrückt werden; hierauf arbeitet der Apparat

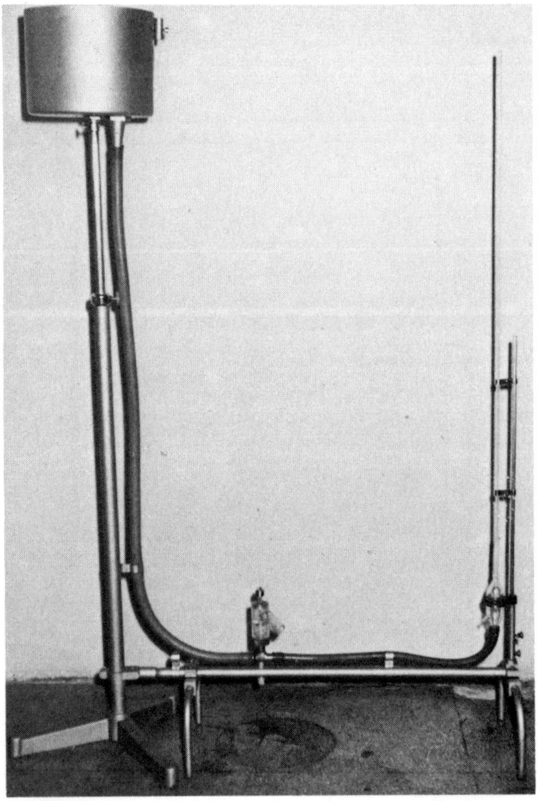

Abb. 13: Photographie des vom Verfasser konstruierten hydraulischen Widders.

Abb. 14: Starrsche Klappe, die im Widder als Klappe D – Analogon der aortalen bzw. pulmonalen Klappe – einmontiert wurde.

automatisch, solange das Reservoir A noch Wasser enthält (Abb. 14 u. 15). Wir wollen nun die Herztätigkeit so betrachten, wie sie der Chirurg bei geöffneter Brust sieht. Zu Beginn jedes Herzstoßes beginnen sich die Atria zu füllen. Sie dehnen sich in die Länge und Breite aus, ähnlich einem Gummihandschuh, der mit Wasser gefüllt wird. Aus dem gefüllten Atrium fließt Blut in den Ventrikel, der, während er sich füllt, verschoben wird.

Während der maximalen Füllung in der präsystolischen Periode, wenn der gestreckte Ventrikelmuskel sich in der isometrischen Phase der Herzmuskelsystole zusammenzuziehen beginnt, wird die Herzspitze gehoben, wodurch der Spitzenstoß erfolgt.

Jetzt schließen sich die Atrioventrikularklappen, und die Semilunarklappen sind noch nicht geöffnet. Im nächsten Augenblick öffnen sich die Arterienklappen, und Blut wird in die Aorta und die Arteria pulmonalis gestoßen.

Was geschieht in diesem Augenblick mit dem Herzmuskel? In der Systole finden wir, daß die fibromuskulären Ringe um die atrioventrikulären Ostia näher zur Spitze gebracht werden. Der Ventrikelmuskel zieht sich zusammen und wird kürzer, so wie sich das Diaphragma während der Inspiration zusammenzieht und verkürzt.

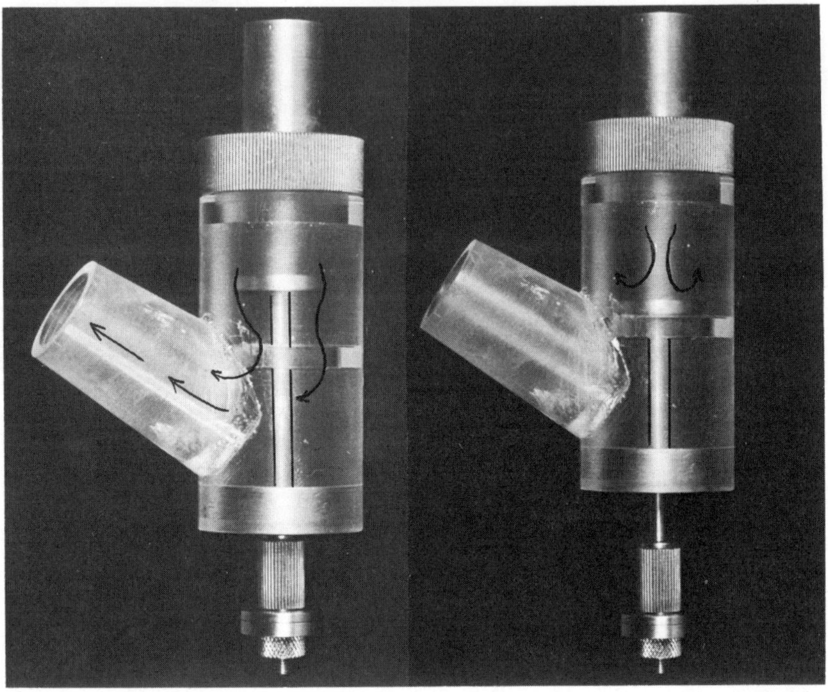

Abb. 15: Klappe C: Analogon der mitralen bzw. trikuspidalen Klappe. Durch Zudrehen der Schraube vermindert man die während der Widdertätigkeit nach außen fließende Wassermenge. Links: geschlossene Klappe; rechts: offene Klappe.

Der Herzmuskel zieht sich während der Systole vom Blute zurück, das während der Diastole an den Muskel anschlägt.

Die Analogie zwischen dem Herzen und einem hydraulischen Widder ist folgende: wie auch Havlicek festhält, ist das Herz eine Kombination von zwei synchron arbeitenden hydraulischen Widdern[1], als welche das linke und das rechte Herz zu betrachten sind. Aorta und Arteria pulmonalis entsprechen dem Rohr F (Abb. 12) und die Klappen der Lungenarterien und der Aorta dem Ventil D. Den Ventrikel kann man als den Teil betrachten, der unter Ventil D liegt. Es ist schwer zu sagen, wie weit die Analogie in bezug auf das Reservoir A geht. Die Funktion des Auslaßven-

1 Im Jahre 1971 hat Dr. med. Gisbert Husemann in Stuttgart einen hydraulischen Widder konstruiert, dessen zwei Kreisläufe durch eine pulsierende Membran getrennt sind.

tiles C entspricht zum Teil derjenigen der Mitralklappe und der Tricuspidalklappe.

Eine Ähnlichkeit besteht nur zum Teil. Es mag auch nicht leicht sein, die Analogie zu verstehen, da der mechanische Apparat nicht ganz in der Organik aufgeht. Betrachtet man das Problem jedoch vom Standpunkte der Physiologie aus, so wird es besser verständlich[2].

In der Konstruktion des hydraulischen Widders ist das Auslaßventil von grundlegender Bedeutung. Dieses Ventil öffnet und schließt sich rhythmisch während des Funktionierens des Widders. Das rasche und heftige Zugehen des Ventils bestimmt die Hauptfunktion des Apparates, d. h. den raschen Druckanstieg beim Ventil; dieser Anstieg bewirkt, daß sich das Ventil des Auslaßrohres öffnet und das Wasser über den Stand des Wassers im Reservoir steigt. Das gleiche Geschehen erfolgt im Herzen. Blut fließt in den Ventrikel. Im Augenblick, da die Mitralklappe oder die Tricuspidalklappe sich schließen, wird der Blutstrom abrupt unterbrochen, und eine Blutwelle prallt an der geschlossenen Klappe sowie an dem sich dabei dehnenden Herzmuskel ab.

Wenn das Blut an den dehnbaren Teilen, d. h. der Klappe und dem Muskel, abprallt, steigt der Druck im Ventrikel plötzlich an und somit auch an der Aorta und der Arteria pulmonalis.

Man könnte folgenden Einwand gegen diese Anschauung vom «Hydraulischen-Widder-Mechanismus» der Herztätigkeit erheben: Im Kreislauf kommt es zu keinem Blutverlust, im hydraulischen Widder dagegen findet ein Wasserverlust statt. Man darf aber nicht übersehen, daß der hydraulische Widder eine mechanische Konstruktion ist, die noch dazu

2 Zwischen dem Autor und dem Herausgeber wurde in Gesprächen während seines Aufenthaltes in Stuttgart (21.–23. 1. 1973) vereinbart, an dieser Stelle eine Anmerkung zu machen: im hydraulischen Widder gilt das Gesetz von der Erhaltung der Energie. Kinetische oder Strömungsenergie wandelt sich in rhythmischem Wechsel in potentielle oder Druckenergie um und umgekehrt. Der menschliche Organismus dagegen untersteht anderen höheren kosmischen Gesetzmäßigkeiten, die jenes im Anorganischen geltende Gesetz aufheben.

Dieselben Kräfte, die am Gehirn, das im Liquor cerebro-spinalis schwimmt, seinen Druck und sein Gewicht aufheben und in Auftrieb umkehren, sind es, die wir im Blute und seiner Strömung vor uns haben. Die Auftriebskräfte am Gehirn werden im Blute zu seiner Eigenbewegung. Gegenüber diesen Kräften hört die Gültigkeit mechanischer Vergleiche auf. Den Sinnes- und Gehirnspiegelbildern von der Umgebung, die wahrgenommen wird, entspricht am Herzen seine rhythmische Bewegung: sie ist Spiegelbild der Blutbewegung in der Peripherie; am Herzen fallen Spiegelbild und Bewegung in eins zusammen. G. H.

teilweise – in unserem Modell – aus starren Elementen hergestellt wurde, das Herz aber, sowie das ganze Kreislaufsystem, die unvergleichbare Elastizität eines biologischen Gebildes besitzt. In dieser lebendigen «mechanischen Konstruktion» ist ein Flüssigkeits-, d. h. ein Blutverlust nicht notwendig, wie wir das näher erklären werden.

Das durch die Klappe C des hydraulischen Widders ausfließende Wasser besitzt schon keine hydrodynamische Energie mehr, da es ja – wie wir wissen – auf Kosten dieses Wassermengeverlustes zum Wasserstoß gekommen ist. Die während der Diastole in den Vorhöfen und Kammern zurückbleibende Blutmenge dagegen verliert ihre hämodynamischen Eigenschaften nicht. Die ihr eigene motorische Energie bleibt weiterhin an die flüchtig im Herzen «zurückbleibende» Blutmenge gebunden. In der Blutkreislaufmechanik gibt es daher auch keinen «Grund» – wenn ein solcher Ausdruck erlaubt ist – für einen Blutverlust nach außen, entsprechend dem Wasserverlust durch die Klappe C im hydraulischen Widder. Es gibt ja auch genug Platz in den Vorhöfen und Kammern, um die Blutmenge zu beherbergen, die in gewissem Sinne der während einer Phase der Widdertätigkeit ausfließenden Wassermenge entspricht.

Es soll weiterhin festgestellt werden, daß man, zum mindesten seit ein paar Jahrhunderten, die mechanische Herzaktivität mit der Tätigkeit einer Pumpe identifiziert hat und daß dieser Vergleich unbestreitbar suggestiv wirkt.

Wenn man den Herzmuskel, dessen Leistung auf 0,002 PS eingeschätzt wird, als einen «Motor» anerkennen sollte, der das Blut im Kreislauf in Bewegung setzt[3], dann sollte man als einen zusätzlichen «Motor» ebenfalls die Elastizität der Gefäße und der Elastizität der Gewebe, die die Gefäße umringt, in Betracht nehmen. Es ist bekannt, daß in frühen Zeitabschnitten der embryonalen Entwicklung das Blut denjenigen Faktor bildet, der über die Entstehung der Gefäße entscheidet. Durch seine rhythmische Bewegung rieselt das Blut seinen Weg, verursacht die Entstehung der Blutgefäße und gestaltet das Herz. Das Blut «entscheidet» ebenfalls über die größere Elastizität der Arterien als der Venen. Das arterielle Blut besitzt nämlich eine viel größere dynamische Energie als das venöse Blut, daher haben die Arterien eine viel stärkere Konstruktion als die Venen.

3 Friedrich Häusler (6) hat in seinem Aufsatz «Kreisläufe des menschlichen Blutes und des irdischen Wassers» (im Manuskript) festgestellt, daß die sogenannte «Herzpumpentheorie» vom Standpunkt der Hydromechanik absolut irrtümlich und unmöglich ist.

Ein pumpenartiges Gebilde kann aber auch die Funktion eines hydraulischen Widders übernehmen. Man kann sich doch vorstellen, daß der Wasserstrom anstatt in einen zu technischen Zwecken benutzen hydraulischen Widder in eine Pumpe einfließt, die dann dank einer zu ihrer Einschaltung benutzten Energie die im Wasserstrom herrschenden niedrigen Druckwerte auf höhere einstellt.

Im hydraulischen Widder kommt es – wie wir schon erwähnt haben – zu einem Wasserstoß. Der plötzlich durch das Ventil aufgehaltene Strom verursacht die Entstehung eines Gegenstoßes der Flüssigkeit, und dies führt schließlich zur Druckerhöhung im Ausflußrohr F. Ein ähnlicher Prozeß findet im Herzen statt. An dieser Stelle soll betont werden, daß die durch die heutige Physiologie angegebenen Gefäßwiderstandswerte auf ganz irrtümlichen Voraussetzungen beruhen. Da ja das Blut mit einer ihm eigenen motorischen Energie ausgestattet ist, die – wie wir bewiesen haben – die Eigenschaften einer Saugkraft besitzt, scheint dieser Widerstand viel kleiner zu sein, als es in Wirklichkeit der Fall ist. Die Gegenwart dieser Saugkraft «verfälscht» sozusagen für die «Augen» der heutigen Physiologen das Bild der Widerstandsgröße, auf die das Blut in den Gefäßen trifft. Eine Pumpe, die ganz allein die Blutkörperchensuspension durch das riesige Netz der engen Kapillaren durchzudrängen vermöchte, würde ja in der Aorta und den großen Arterien einen Druck benötigen, der so hoch sein müßte, daß er das ganze Kreislaufsystem zum Platzen bringen könnte.

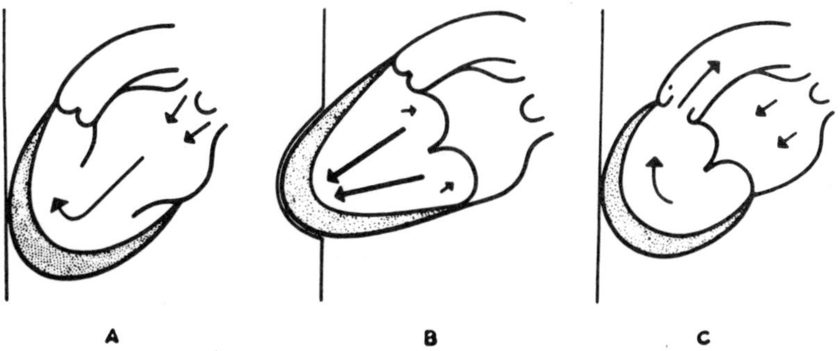

Abb. 16: A: das Herz während der Diastole. B: das Herz im Momente des Herzspitzenschlages (isometrische Phase der Systole). C: das Herz während der Systole.

Wir wollen noch einige andere Argumente anführen, die für die Annahme einer dem hydraulischen Widder ähnlichen Mechanik der Herztätigkeit sprechen. Da ist zuerst die durch K. Schmid erwähnte Tatsache, daß der Herzspitzenschlag dem Blutauswurf aus der Kammer vorangeht und nicht umgekehrt. Man darf auch nicht vergessen, daß eine Pumpe im allgemeinen die ganze in ihr enthaltene Flüssigkeitsmenge auswirft, das Herz dagegen – ähnlich wie der hydraulische Widder – sich während der Systole nicht gänzlich entleert; in seinen Kammern bleibt ja ca. $^1/_3$ der ganzen Blutmenge, da nur $^2/_3$ in die Arterien fließt (Heilmeyer, 2).
Wir betonen nochmals, daß der venöse Zufluß zum Herzen, d. h. zum rechten und linken Vorhof, einen aktiven Charakter hat, ähnlich wie die Bewegung des Blutes im ganzen Kreislaufsystem. Dieses Blut fließt nicht kraft der mit ihm verbundenen «Reste» der kinetischen Energie, die ihm durch das Herz erteilt wurde – einer Energie, die das Blut angeblich noch nach dem Durchdringen des Kapillarnetzes haben soll –, sondern es fließt kraft der eigenen motorischen Energie.
Dieses aktive Verhalten des dem Herzen zuströmenden Blutes zeigt anschaulich der oben beschriebene Mechanismus des Herzspitzenstoßes (die sogenannte isometrische Phase der Herzmuskelkontraktur – Präsystole) (Abb. 16). Es ist nämlich nicht die aktive Bewegung des Herzmuskels, sondern der Stoß der Blutwelle, der die Herzspitze hebt, so daß sie in die Brustwand anschlägt.

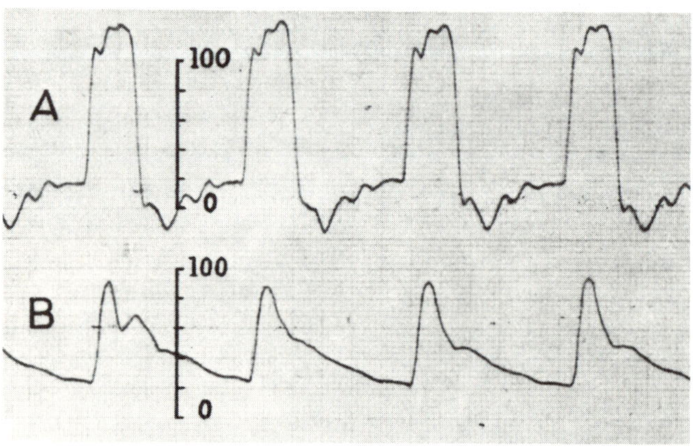

Abb. 17: Druckkurven, gemessen im Hydraulischen Widder. A: Druckkurve aus dem Kammeranalogon (die Registrierungsstelle wurde in Abb. 12 mit zwei Sternen bezeichnet). B: Druckkurve aus dem Arterienanalogon (Registrierungsstelle in Abb. 12 mit einem Stern bezeichnet).

Die auffallende Ähnlichkeit der aus den Herzkammern und großen Arterien ermittelten mit den von den entsprechenden Teilen des hydraulischen Widders stammenden Druckkurven spricht weiterhin überzeugend für unsere Auffassung. Die in der Abb. 17 oben liegende Kurve stammt aus dem hydraulischen Widder und entspricht den Druckwerten, die unter der Klappe D – d. i. dem Kammeranalogon – bestimmt wurden; die Kathetereinführungsstelle wurde in der Abb. 12 mit zwei Sternen bezeichnet. Diese Kurve ist beinahe identisch mit der durch Herzkatheterisierung aus der rechten Kammer (V. D.) gewonnenen Druckkurve. Die auf Abb. 17 unten abgebildete Kurve stammt aus dem der Art. pulm. bzw. Aorta entsprechenden Widderrohr. Die Kathetereinführungsstelle wurde in der Zeichnung Abb. 12 mit einem Stern bezeichnet. Diese Kurve erinnert wieder ausgesprochen an die periphere arterielle Druckkurve (Abb. 18).

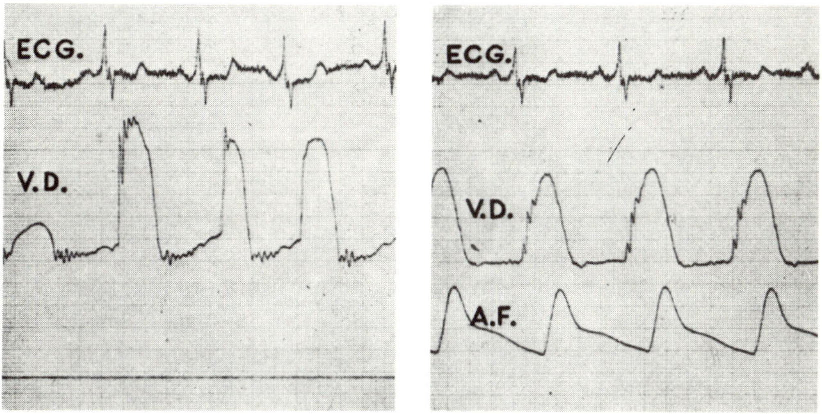

Abb. 18: V. D.: eine Druckkurve, registriert in der rechten Herzkammer eines erwachsenen Mannes während Herzkatheterismus. A. F.: arterielle Druckkurve, registriert mittels direkter Punktion der Femoralarterie.

Die Zusammenstellung der aus dem hydraulischen Widder und den entsprechenden Kreislaufabschnitten gewonnenen Druckkurven weist auf einen nahezu identischen Ablauf der hämodynamischen Geschehnisse im Herzen mit den hydrodynamischen im hydraulischen Widder hin.

Wir haben in einem von unseren Modellen des hydraulischen Widders das Volumen des Wassers, welches durch die Klappe C fließt, bestimmt: Beim Rhythmus 130 pro Minute beträgt das Volumen des Wassers, das

durch das Rohr F nach außen fließt, ca. 1,7 Liter pro Minute. In derselben Zeit ist der Wasserverlust durch die Klappe C 2,5 Liter pro Minute.
Beim Rhythmus 80 pro Minute steigt der Wasserverlust durch die Klappe C bis auf 10 Liter pro Minute, dagegen beträgt der Wasserausfluß durch die Klappe D nur ca. 1,7 Liter pro Minute.
Wir stellten fest, daß der Wasserdruck im Rohr F beim Rhythmus 130 pro Minute etwas niedriger ist als beim Rhythmus 80 pro Minute.
Die gegenseitige Abhängigkeit des Wasserdurchflusses durch die Klappen C und D und des Verhaltens des Druckes im Rohr wiederholte sich genauso auch in unseren anderen Modellen des hydraulischen Widders.
Das Volumen des durchfließenden Wassers durch beide Klappen hängt von den Dimensionen des hydraulischen Widders ab und von der Größe des Widerstandes, den der Wasserstrom in den einzelnen Abschnitten des hydraulischen Widders, hauptsächlich im Rohr F, antrifft. (Den Rhythmus des hydraulischen Widders kann man mit einer Schraube, die sich an der Klappe C befindet,regulieren. Siehe Abb. 15 A und B). Man sieht also, daß, je langsamer der Rhythmus des hydraulischen Widders ist, desto größer ist die Wassermenge, die durch den hydraulischen Widder fließt.
Etwas ähnliches geht im Blutkreislauf vor. Wenn der venöse Rückfluß nach dem Herzen größer ist, wird die Pulsfrequenz langsamer; ist umgekehrt der venöse Rückfluß kleiner, dann beschleunigt sich der Puls.
Man kann also sagen, daß das Volumen des Wasserverlustes, welches durch die Klappe C des hydraulischen Widders nach außen fließt, in einem gewissen Sinne als ein Analogon des Blutvolumens des kreisenden Blutes betrachtet werden kann.
Man sieht also auch, daß zwischen dem Wasserverlust durch die Klappe C (Analogon der Mitral- oder Tricuspidal-Klappe) und dem Volumen des kreisenden Blutes eine Analogie oder – vielleicht besser gesagt – ein gewisser Parallelismus besteht. Es ist nur ein in gewissem Sinne viel zu einfacher Vergleich. Der entscheidende Faktor für den Kreislauf des Blutes bleibt die ihm eigene motorische Energie.

Schlußbemerkung

Der Vergleich der mechanischen Tätigkeit (Arbeit) des Herzens mit der Arbeit des hydraulischen Widders muß auf große Schwierigkeiten (bzw. auf lebhaften Widerspruch) seitens der Naturwissenschaftler und Ärzte stoßen: sie werden die Analogie nicht anerkennen. Harveys Theorie, die das Herz als eine Art Pumpe betrachtet, entspricht so genau den Anschauungen der Naturwissenschaftler, daß man eine baldige Änderung dieser allgemein anerkannten und eingeprägten Meinung nicht erwarten darf.

Nach den Prinzipien der heutigen Physiologie wird das Blut durch das Herz in Bewegung gesetzt, wobei das Herz wie eine Pumpe arbeitet; als Motor dieser Pumpe soll der Herzmuskel tätig sein.

Der Widder arbeitet nach einem ganz anderen Prinzip. Er wird durch die hydrostatische Druckdifferenz in Bewegung gesetzt. Seine Tätigkeit verdankt er der Kraft des Wasserstromes, der durch das Gerät fließt. Wenn wir also annehmen wollen, daß das Herz wie ein hydraulischer Widder arbeitet, so müssen wir annehmen, daß die Herzbewegung – als eine im hämodynamischen Sinne *effektive* Bewegung – von der Stärke des Blutstroms abhängt. Ebenso wie der Widder das Wasser nicht in Bewegung setzt, sondern das Wasser, der Wasserstrom den Widder bewegt, so bewegt das Herz auch nicht das Blut, sondern das Blut bewegt das Herz; die motorische Energie des Blutes bestimmt die *effektive* Herztätigkeit. Es ist bekannt, daß dem Herzmuskel die Eigenschaft der Ausübung rhythmischer Kontrakturen eigen ist, *es ist aber das Blut, seine eigene Energie, die Kraft seines Stromes, welche die im hämodynamischen Sinne effektive Arbeit des Herzens, seinen Rhythmus* (wenn es gesund ist,) *zu allererst bestimmt*[4]. Der Herzmuskel als Motor hat sehr geringe Möglichkeiten, seine Kraft beträgt 0,002 PS. Die Rolle des Herzmuskels ist nur, die Blutbewegung in seinem Herzabteil zu regulieren. Dies ist eine äußerst wichtige Rolle, aber vom energetischen Standpunkt aus ist sie gering.

Der Herzmuskel ist ein biologisches System, welches äußerst genau und fein arbeitet; dadurch kann er sich den eigenartigen hämodynamischen Aufgaben, die das Blut dem Herzen sozusagen aufdrängt, anpassen. Von einer richtigen «Zusammenarbeit» des Blutes mit dem Herzen hängt die harmonische Tätigkeit des Kreislaufs ab.

Es ist allgemein bekannt, welch schwere und verhängnisvolle Komplikationen die Störungen der Herzaktion bewirken können; doch wird von der heutigen Physiologie und Pathophysiologie die Rolle des Blutes in diesen Störungen nicht genügend berücksichtigt, weil das Blut als eine

4 Siehe Seite 53 über den Rhythmus des Blutkreislaufes.

hämodynamisch vollkommen passive Flüssigkeit betrachtet wird. Nun spielen aber Störungen, die eine Schwächung (Dämpfung) der hämodynamischen Energie des Blutes bewirken, zwar eine andere, aber ganz gewiß keine geringere Rolle in der Pathophysiologie des Blutkreislaufs als Störungen im Bereich der Funktion des Herzmuskels.

Bibliographie:

1 Havlicek, H.: Arbeitet das Herz wie eine Druckpumpe oder wie ein Stoßheber? Eine neue Herztheorie. Arch. f. Kreislaufforschung, 1, 188-224, 1937.

2 Heilmeyer, L.: Vorträge auf dem Gebiet der klinischen Chemie und Bakteriologie. Thieme, Stuttgart, 1956.

3 Manteuffel-Szoege, L., und Gonta, T.: Reflexion sur la nature des fonctions mécaniques du coeur. Minerva Cardioangiologica Europea, 6, No. 2, 261-7, 1958.

4 Schmid, K.: Über Herzstoß und Pulskurven. Wiener Medizinische Wochenschrift, No. 15, 578, No. 16, 622, 1892. Beitr. Erw. Heilkunst 1974, 3. Heft.

5 Steiner, R.: Geisteswissenschaft und Medizin. Vorträge Dornach 1920, GA 312, Dornach 1961.

6 Häusler, Fr.: Kreisläufe des menschlichen Blutes und des irdischen Wassers. 1971 (Im Manuskript).

7 Husemann, F. u. G.: Der hydraulische Widder und die Herzfunktion. Beitr. Erw. Heilkunst, Heft 4, 1974.

3. DIE PARADOXA DER HÄMODYNAMIK

«Eine falsche Lehre läßt sich nicht widerlegen, denn sie beruht ja auf der Überzeugung, daß das Falsche wahr sei.»

Goethe

Der bedeutende Fortschritt der vergangenen Jahre auf dem Gebiete der Physiologie des Blutkreislaufs ist unbestreitbar. Tatsache bleibt jedoch, daß eine Anzahl mit der Hämodynamik in Zusammenhang stehende Grundprobleme immer noch auf ihre Lösung warten. Einige grundsätzliche Erscheinungen der Hämodynamik könnten wahrscheinlich eher abgeklärt werden, wenn mehr über den Zirkulationsvorgang vom Standpunkt der Anatomie und der vergleichenden Physiologie aus bekannt würde.

Die Blutzirkulation der niederen Tierorganismen erfolgt unter relativ einfachen Bedingungen. Durch diese «vereinfachten» und eigentlich «schematischen» anatomischen und physiologischen Bedingungen sind gewisse Erscheinungen festzustellen, die beim komplexen Aufbau des menschlichen Organismus gar nicht sichtbar werden können (Abb. 19).

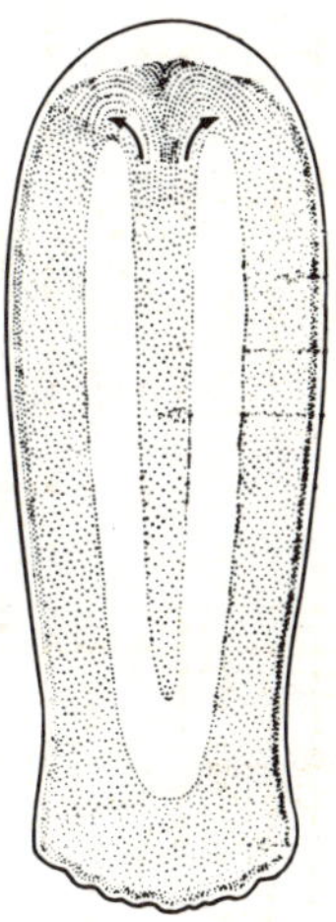

Abb. 19: Schematische Zeichnung einer Amöbe. Die Pfeile oben weisen auf die Richtung des Lymphstromes hin, der sich teilt, um von beiden Seiten die Körperperipherie des Tieres zu umschwimmen (nach Hoar). »Ein Kreislauf existiert schon im Zytoplasma von mehreren Protozoa in der Form von Cyclosis (d. h. protoplasmisches Strömen) und dem Durchströmen von beträchtlichen Wassermengen, die durch kontraktile Vakuolen in das Zytoplasma ein- bzw. ausfließen« (zit. nach A. W. Martin u. K. Johansen).

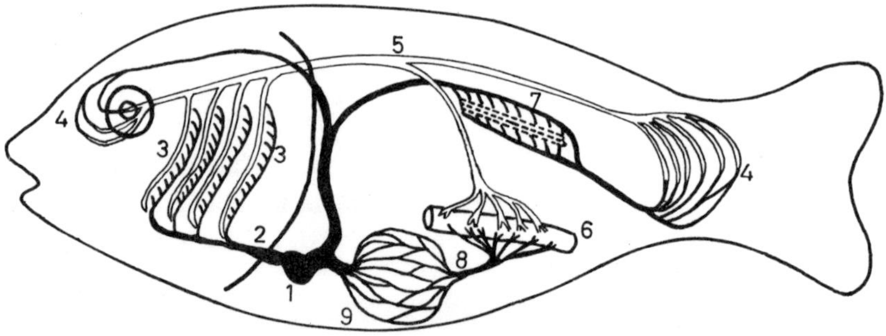

Abb. 20: Schema des Fischkreislaufs (Cyprinus carpio). (1) Herz, (2) Aorta ventralis, (3) Kiemen, (4) Kapillaren, (5) Aorta dorsalis, (6) Niere, (7) Vena portae, (8) Leber.

Wir geben hier eine kurze Darstellung der Blutzirkulation gewisser niederer Tiergattungen, im besonderen der Fische. Abb. 20 zeigt das Schema des Blutkreislaufes beim Fisch (Karpfen, Cyprinus Carpio). Venenblut fließt durch das einkammrige Herz. Es passiert die einzige Arterie, die das Herz mit den Kiemen verbindet. Es muß betont werden, daß dies die einzige Arterie ist, d. h. also die Aorta ventralis, die in ihrem Metathroax ein Herz besitzt, das manchmal als «Herzpumpe» bezeichnet wird. Die Aorta dorsalis, d. h. das Venenblut befördernde Gefäß, befindet sich zwischen zwei Kapillarsystemen. Beim Fisch muß das Blut während des ganzen Kreislaufes durch drei aufeinanderfolgende Kapillarsysteme fließen, d. h. die venösarteriellen Kapillaren der Kiemen, die arterio-venösen Kapillaren der peripheren Zirkulation und die veno-venösen Kapillaren der Leber und der Nieren.
Im Verhältnis zum ganzen Körper ist das Fischherz viel kleiner als dasjenige der Warmblüter und des Menschen, macht es doch nur etwa $^1/_{1000}$ der ganzen Körpermasse aus. Das entsprechende Verhältnis liegt beim Menschen zwischen 1:200 und 1:150. Das Fischherz ist nur ein kleiner, schlaffer, dünnwandiger Sack. Es ist schwer vorstellbar, daß eine so schwache «Herzpumpe» das Blut durch drei Kapillarsysteme pumpen

Abb. 21: Schematische Zeichnung eines Fischherzens.

kann. Auch beim Menschen scheint es rein mechanisch gesehen unmöglich, daß, bei Fällen von congenitaler Herzdeformation und schwerer Zyanose, das Blut vom Herzen durch die Kapillaren gepumpt werden kann, da bei einem gelegentlichen Hämatokrit von 80 die Kapillaren von den Erythrozyten sofort verstopft würden.

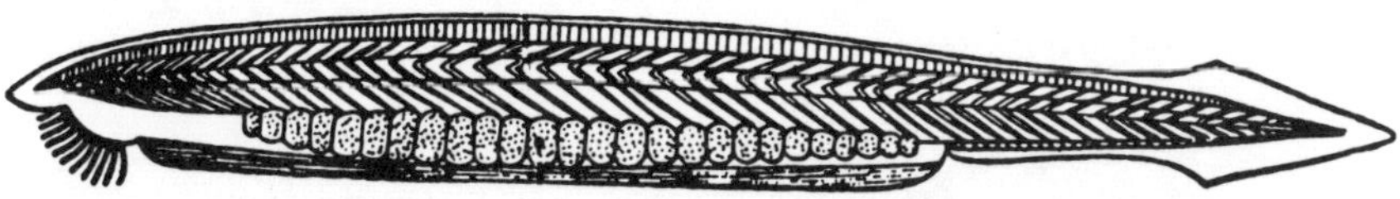

Abb. 22: Amphioxus lanceolatus, Lanzettfischchen (nach A, S. Romer).

Ein besonderes System findet sich beim Blutkreislauf des Amphioxus lanceolatus, der einem Fisch sehr ähnlich ist (Abb. 22). Man kann ihn zur primitivsten Fischgattung zählen. Mit einer homogenen Chorda dorsalis anstelle eines Rückgrats gehört der Amphioxus zur Gruppe der Cephalochordaten. Das Blut des Amphioxus ist farblos und beinahe ohne morphologische Komponenten. Wie das Blut anderer Tiere kann es sich mit Sauerstoff verbinden. Vom Fisch unterscheidet sich der Amphioxus durch das Fehlen des Herzens (Abb. 23).

Die Hauptvenen des Amphioxus sind mit dem Sinus venosus verbunden. Der Anfang, d. h. der pulsierende Teil des Gefäßes, der direkt vom Sinus venosus ausgeht und die Funktion der Aorta ventralis ausübt, entspricht dem Herzen. «Der Bluttransport erfolgt durch eine wellenartige Kon-

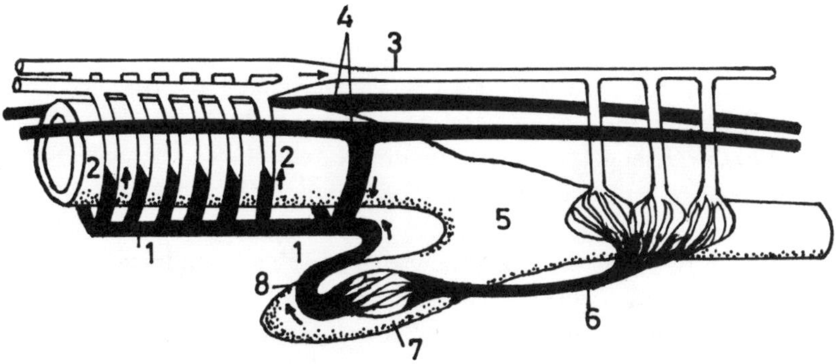

Abb. 23: Blutkreislauf beim Amphioxus lanceolatus. (1) Aorta ventralis, (2) Kiemen, (3) Aorta dorsalis, (4) Venae cardinales, (5) Darm, (6) Vena portae, (7) Leber, (8) Vena hepatica. Dieses Tier besitzt kein Herz, sonst ist sein Kreislaufsystem identisch mit dem Kreislaufsystem der Fische (nach A. S. Romer).

traktion einiger Hauptgefäße und der Kontraktion zahlreicher, herzähnlicher, winziger Blasen entlang den Arterien unterhalb der Kiemen.» (Romer, 1) Wie alle Wirbeltiere besitzt der Amphioxus ein sogenanntes geschlossenes Kreislaufsystem. Die meisten wirbellosen Tiere besitzen hingegen ein sogenanntes offenes Zirkulationssystem (Die Abbildung 24 zeigt einen schematischen Querschnitt durch den Körper einer Lungenschnecke, Helix).

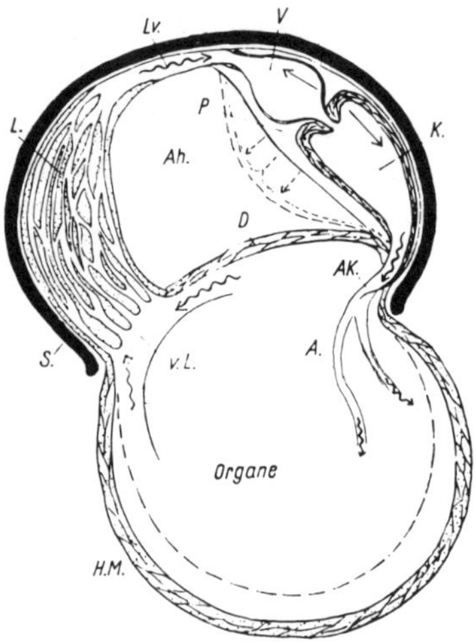

Abb. 24: Schematischer Querschnitt durch den Körper einer Schnecke (Helix) zur Demonstration des Kreislaufs. (A) Aorta, (Ah) Atemhöhle, (Ak) Aortenklappe, (D) Diaphragma, (K) Kammer, (L) Lunge, (Lv) Lungenvene, (HM) Hautmuskelschlauch, (P) Perikard, (vL) venöse Lakunen, (S) Schale, (V) Vorhof (nach W. v. Buddenbrock).

Das Charakteristikum des offenen Zirkulationssystems ist das vollkommene Fehlen von Kapillaren. Daraus ist zu schließen, daß die Kapillaren als Teil des Zirkulationssystems in gewissen Fällen nicht absolut nötig sind.

Das Herz der Insekten besitzt einen eigenartigen Bau. Als Teil eines offenen Zirkulationssystems gleicht es einem Rohr (Abb. 26), das aus einer Anzahl gleichgeformter Segmente besteht. Jedes Segment besitzt eine ventilartige Einrichtung, die den Rückfluß der Hämolymphe verhindert.

Zieht man in Betracht, wie stark die vielen verschiedenen Herzen in ihrer Konstruktionsart voneinander abweichen, so fällt es schwer zu glauben, daß alle im wesentlichen eine Hebepumpe oder einer Druckpumpe gleichen. Es scheint doch eher richtig anzunehmen, daß sie rhythmisch im Sinne eines hydraulischen Widders funktionieren. Dieser Vergleich scheint besonders bei allen Wirbeltieren und dem Menschen von Bedeutung zu sein (2, 3, 4). Es muß daran erinnert werden, daß die Funktion des hydraulischen Widders auf einem anderen Prinzip beruht als diejenige einer Pumpe. Der Widder wird von keiner Maschine angetrieben. Er erhält seine Kraft vom durchfließenden Wasser. Von grundsätzlicher Bedeutung ist die Stoßkraft des Wassers, d. h. die plötzliche Umwandlung der kinetischen Energie des fließenden Wassers in potentielle Druckenergie, die beim plötzlichen Aufhalten der Strömung erfolgt. Der Druck des ausströmenden Wassers ist um ein vielfaches höher als derjenige des zufließenden Wassers. Was Th. Schwenk über den Bau des Herzens niedriger Tiergattungen zu sagen hat, ist hier auch von Bedeutung:

«Bei diesen primitiven Herzen ist der pulsierende Strom von einer stofflichen Hülle umgeben, welche den Rhythmus erkennen läßt; das Organ vibriert im Rhythmus der Strömung, durch die es entstand. Dieses Pulsieren des Organs ist demnach eine rhythmische Erscheinung, die in seiner Umgebung schon bestanden hat» (5, S. 89).

Schwenks Feststellung ist besser verständlich, wenn man berücksichtigt, daß die rhythmische Erscheinung nach den Gesetzen der Hydraulik in direktem Zusammenhang steht mit dem, was man manchmal als das «flüssige Element» bezeichnet, wobei es sich in den meisten Fällen um Wasser handelt. *Rhythmische Erscheinungen können im Wasser unabhängig von irgendeinem, die Rhythmusfrequenz regulierenden Mechanismus auftreten. Dies beweist die Entstehungsweise der Wellen im Wasser.*

Die «spontane» Entstehung von rhythmischen Erscheinungen zeigt die interessante Darstellung eines Versuches von Schwenk (Abb. 25). Man

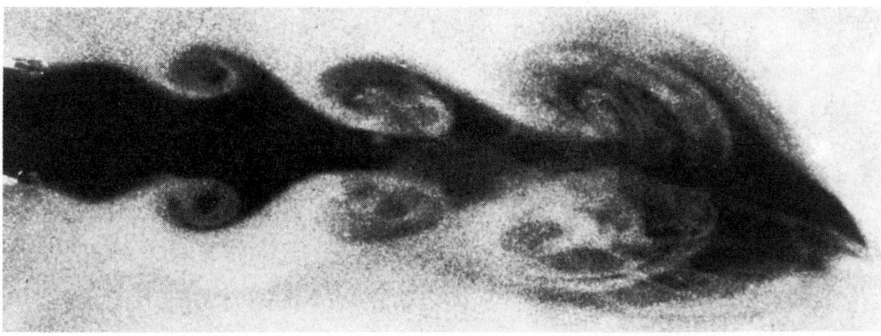

Abb. 25: Schwenkscher Versuch. Wenn man in einen Behälter mit stehendem Wasser schwarz gefärbtes Wasser einspritzt, so sieht man eine Reihe von rhythmischen Wirbeln.

sieht einige regelmäßige Strukturen (Wirbel), die durch die Injektion schwarz gefärbten Wassers in einem Behälter mit klarem stagnierendem Wasser entstehen.
Schwenk, der das Problem vom Standpunkt der Hydraulik aus betrachtet, *stellt fest, daß der Rhythmus des Blutkreislaufes primär durch seinen flüssigen Zustand bedingt wird und daß die äußere, anatomische «Hülle»* (Herz und Blutgefäße) *dem rhythmischen Blutstrom untergeordnet ist.*
Je höher ein Organismus entwickelt ist, um so komplizierter ist der Aufbau des Herzens. Dies wird deutlich ersichtlich bei den Wirbeltieren und, als Höhepunkt, beim Menschen. Mit zunehmender Komplexität der Herzstruktur entwickelt sich das Leitungssystem, welches die Blutzirkulation wie von außen her reguliert. Dies ändert aber nichts an der Tatsache, daß der Rhythmus des Blutkreislaufes sich genau nach den Gesetzen der Hydrodynamik verhält.
Die Form der Insektenherzen kann als Beweis für die Richtigkeit der Theorie Schwenks angesehen werden. Abb. 26 zeigt das Schema eines Marienkäferherzens. Es sieht wie eine Hülle aus, welche den rhythmisch fließenden Strom der Hämolymphe umschließt.

Abb. 26: Fragment des Herzens eines Marienkäfers (nach Th. Schwenk)

Diskussion

Die Angaben dieser Abhandlung betreffen die Blutzirkulation gewisser tierischer Organismen, geschildert in der Reihenfolge abnehmender Komplexität. Bei Betrachtung dieser Angaben muß man zum Schluß kommen, daß die gegenwärtig allgemein angenommene Deutung der mechanischen Tätigkeit des Herzens ernsthaft angezweifelt werden kann.
Je weniger komplex das geprüfte Zirkulationssystem ist, desto schwerer kann man sich vorstellen, daß die vom Herzen geleistete Arbeit derjenigen einer «Herzpumpe» entspricht, so wie sie in den Lehrbüchern der Physiologie des Menschen geschildert wird. Man darf nicht vergessen, daß, wie im vorstehenden geschildert wurde, die Natur in gewissem Sinne ein einmaliges Experiment durchgeführt hat, indem sie beim Amphioxus das Herz «entfernte».
Die geschilderten Tatsachen müssen ohne Zweifel dazu führen, daß die

Gültigkeit der Ansichten über die mechanische Arbeit des Herzens neu überprüft wird. Die Theorie von Harvey hat die wissenschaftliche Vorstellungskraft stark beeinflußt. Sein Einfluß war jedoch nicht auf die Physiologie des Menschen und der höheren Wirbeltiere beschränkt. Sie wirkte sich auch auf das Denken der Naturwissenschaftler aus, die sich mit vergleichender Physiologie befaßten. Jede allgemein gültige Theorie der Blutzirkulation muß damit rechnen, daß die Blutströmung in allen in Frage kommenden Organismen eine grundsätzliche Ähnlichkeit aufweist. Dies anerkennen auch jene Physiologen, welche die Ansicht vertreten, das Herz spiele die beherrschende Rolle bei allen Blutzirkulationssystemen: wenn man die Richtigkeit einer allgemeinen Übereinstimmung bejaht und die hier dargestellten Tatsachen berücksichtigt, scheint es nur logisch, daß man grundlegende Ursachen der Zirkulation des Blutes auch außerhalb des Herzens suchen muß.
Zieht man die hier beschriebenen Blutzirkulationssysteme in Betracht, so gewinnt man den starken Eindruck, daß die Energie, welche diesen Lebensstrom, das Blut, in Bewegung setzt, sehr nahe mit diesem Blut in Beziehung stehen und, in gewissem Sinne, im Blute selbst «enthalten» sein muß.

Zusammenfassung

Vom Standpunkt der vergleichenden Anatomie und der Physiologie aus wird ein kurzer Überblick gegeben über die Zirkulationssysteme des Blutes bei Organismen niedriger Tiergattungen von den Fischen bis zu den Insekten hinunter.
Aus den dargelegten Tatsachen geht hervor, daß die Herztätigkeit dieser Tiere nicht derjenigen einer Pumpe entspricht, wie dies von der gegenwärtigen Physiologie angenommen wird.
Bei Wirbeltieren und Menschen entspricht die Tätigkeit des Herzens derjenigen eines hydraulischen Widders und nicht derjenigen einer Pumpe.
Bei niedrigen Tiergattungen, z. B. bei Insekten, die oft ein offenes Zirkulationssystem ohne Kapillaren besitzen, spielt das Herz vom mechanischen Standpunkt aus eine eher unbedeutende Rolle.
Die geprüften Tatsachen deuten auf eine enge Verbindung zwischen dem Blute selbst und seiner Antriebskraft hin. Dieses Argument spricht für die These von R. Steiner von der eigenen Bewegungsenergie des Blutes.

Bibliographie:

1 Romer, A. S.: The vertebrate body, Saunders, 1962.
2 Schmidt, K.: Über Herzstoß und Pulskurven, Wien, Med. Wochenschr. No. 15, 578; No. 16, 622; No. 17, 662, 1892.
3 Steiner, R.: Vortragszyklus für Ärzte und Medizinstudierende, Dornach 1920, GA 312.
4 Havlicek, H.: Arbeitet das Herz wie eine Druckpumpe oder wie ein Stoßheber? Eine neue Herztheorie. Arch. f. Kreislaufforschung, 1,188-224, 1937.
5 Schwenk, Th.: Das sensible Chaos, Stuttgart, 4. Auflage, 1976.

4. DIE MORPHOLOGIE DES BLUTSTROMS IN DEN BLUTGEFÄSSEN[1]

Die außerordentliche schnelle Entwicklung der Kardiochirurgie sowie der Chirurgie der Blutgefäße stellt uns in der Physiologie und der Pathologie des Kreislauforgans immer wieder vor neue Probleme.

Eines von ihnen ist die Implantation künstlicher Herzklappen. Zu diesem Thema gibt es bereits eine auffallend große Literatur. Man befaßt sich u. a. nur mit dem Problem des Durchstroms des Blutes durch eine künstliche Herzklappe. Es geht hier unter anderem um die Bildung von Thrombosen bei der künstlichen Herzklappe und im Zusammenhang damit um das Verhalten des um die Herzklappe fließenden Blutstroms. In der Fachliteratur werden nicht nur Fragen wie die Viskosität und Gerinnbarkeit des Blutes, sondern auch die «Morphologie» der Blutströmungen in der Gegend der Herzklappen, der Verlauf dieser Strömungen, die Entstehung von Wirbeln usw. aufgeworfen.

Dabei aber ist das Problem der «dynamischen Morphologie» des Blutstroms – wenn man sich so ausdrücken darf – nicht nur in der Gegend der Aorta und Herzklappe, die am häufigsten besprochen wird, sondern des Blutstroms im ganzen Blutgefäßsystem gar nicht genügend ergründet. Unsere Kenntnisse auf diesem Gebiet sind geradezu unzulänglich zu nennen. Wir führen hier beispielshalber einige Arbeiten an, die sich mit dieser Frage beschäftigen: die Arbeit Temples u. Mitarb., diejenige Cutlers und Burbanks, die mit den hier besprochenen Problemen in einem weniger engen Zusammenhang steht, sowie die Publikation Davilas; man könnte noch andere Autoren anführen. In all den hier genannten Untersuchungen erweist sich die Charakteristik der «dynamischen Morphologie» des Blutstroms als sehr unklar; sie ist völlig unzureichend.

1 Aus: Thoraxchirurgie – Vasculäre Chirurgie. Bd. 17, Heft 6.

Das für unser Spezialgebiet interessanteste Ergebnis ist in der Arbeit Wietings u. Mitarb. enthalten. Diese ist für das hier zu erörternde Problem sowohl hinsichtlich der Technik der durchgeführten Untersuchungen wie auch wegen der Ergebnisse dieser Untersuchungen von besonderem Wert; dennoch wird auch in dieser Publikation die Frage der «dynamischen Morphologie» nur oberflächlich berührt.
Hingegen wird sie von Theodor Schwenk (4) sehr ausführlich behandelt, vor allem für den Bereich der Wasserströmungen.
Er zeigt, daß das Prinzip der Dynamik des Durchstroms des Wassers sowie der Verlauf seiner Strömungen als ein «Grundphänomen» für die Flüssigkeiten überhaupt, und folglich auch für das Blut, anzusehen sind. «Es werden im allgemeinen keine Unterschiede zwischen Wasser in der Natur und Flüssigkeiten innerhalb der Organismen gemacht» (S. 9).
Das Wasser strebt, stellt der Autor fest, nach einer sphärischen Form. Die sphärische Form, deren idealer Ausdruck die Kugel ist, ist gleichsam die Idealform, die das Wasser annehmen möchte – wenn man sich so bildhaft ausdrücken darf. « . . . Wie das Wasser zur Sphäre strebt und – wo es in der Bewegung seine Eigengestalt aufgibt – das Sphärische in Kreisläufen zu erhalten sucht» (S. 18). Und an anderer Stelle heißt es weiter: «Überall da, wo durch das Überschießen des Wassers über seine langsamer strömenden Schichten Hohlräume gebildet werden, wird das Wasser in kreisenden Bewegungen in diese hineingerissen» (S. 35).
In der vorliegenden Arbeit befassen wir uns mit diesen Wirbeln, dem Mechanismus der Bildung dieser Wirbel und Strömungen im Blutgefäßsystem. Unsere Kenntnisse über die Art und Weise, wie der Blutstrom durch die Blutgefäße fließt, die uns die Physiologie vermittelt und die die Pathologie berücksichtigt, sind recht gering. Die Physiologie des Kreislaufsystems kennt zwei Typen des Blutdurchstroms durch die Blutgefäße, den turbulenten und den laminaren. Es ist ferner bekannt, daß wir den turbulenten Durchstrom in den großen Blutgefäßen, in den Gefäßen mit großem Durchmesser antreffen, dagegen den laminaren in den kleineren Blutgefäßen, wie z. B. der Schlagader der Schenkel oder in noch engeren Blutgefäßen. Mathematisch wird dies Phänomen durch die sogen. Reynoldssche Zahl ausgedrückt: $Re = \rho vd/\eta$ (d Durchmesser der Gefäße, v Geschwindigkeit, ρ Dichte und η Viskosität des Blutes). Wenn diese Zahl höher ist als 1100, ist der Durchstrom turbulent, liegt sie unter 1000, ist er laminar. Wir lassen uns hier auf diese Dinge nicht weiter ein; das sind grundsätzliche Fragen der Physiologie des Kreislaufsystems. Es muß

festgestellt werden, daß die Einteilung in turbulenten und laminaren Durchstrom nicht ausreichend ist. Der laminare Durchstrom verläuft nicht oder muß zumindest nicht längs der Achse des Gefäßes verlaufen; auch ist andererseits der turbulente Durchstrom nicht so völlig chaotisch. Nebenbei gesagt scheint es, daß, je näher der turbulente Durchstrom dem laminaren ist, um so harmonischer und jedenfalls leichter erkennbar die Morphologie des Wasserstroms sowie des Blutstroms ist.

Wir wenden uns jetzt der Besprechung der Morphologie des Blutstroms in den Blutgefäßen zu. Zur Zeit können wir über diese Morphologie nur auf Grund der Beobachtung des Durchstroms des Wassers durch Glasröhren sprechen; aber man kann nach Schwenk mit sehr großer Wahrscheinlichkeit annehmen, daß der Durchstrom des Blutes durch die Blutgefäße ähnlich, wenn auch nicht identisch verläuft, ähnlich zumindest – so scheint es – in bezug auf gewisse grundlegende elementare Momente.

Es ist möglich, daß die Zukunft eine Methode zur Erforschung der Morphologie des Durchstroms durch die Blutgefäße von Tieren und Menschen entwickeln wird, und zwar mittels der Angiographie und mit Hilfe eines besonderen Kontrastes, der eine Art Staub enthalten würde, der mit dem Metallstaub Ähnlichkeit hätte, jedoch für den Organismus unschädlich wäre und sich in relativ kurzer Zeit auflösen würde.

Wir haben unsere Beobachtungen an einem Glasmodell der Aorta mit ihren Anzweigungen (Abb. 27) durchgeführt. Durch die Röhren des Modells fließt in gleichmäßigem Rhythmus mit Aluminiumstaub vermischtes Wasser. Außer dem rhythmischen Durchstrom haben wir stetigen Durchstrom angewandt. Das Wasser wird durch eine entsprechende elektrisch angetriebene Pumpe hineingepreßt. Auf der Basis des Aortamodells ist ein Pulsduplikator angebracht, der die Herzklappe Starrs enthält (Abb. 28). Es ist eine Einrichtung geschaffen worden, die eine beliebige Vergrößerung der Widerstände und des Drucks im Apparat ermöglicht. Es versteht sich von selbst, daß der Rhythmus des Pulsduplikators je nach Bedarf reguliert werden kann[2].

In reinem, durch Glasröhren fließendem Wasser ist es selbstverständlich unmöglich, irgendwelche Wirbel oder Strömungen wahrzunehmen. Um die Strukturen innerhalb des Wasserstromes sichtbar zu machen, fügen

2 Für diesen Gedanken sind wir der Arbeit Wietings u. Mitarb. (3) verpflichtet; diese Autoren stützten sich auf bestimmte Angaben der Arbeit Rouses (6).

Abb. 27 ▶

Abb. 28 ▼

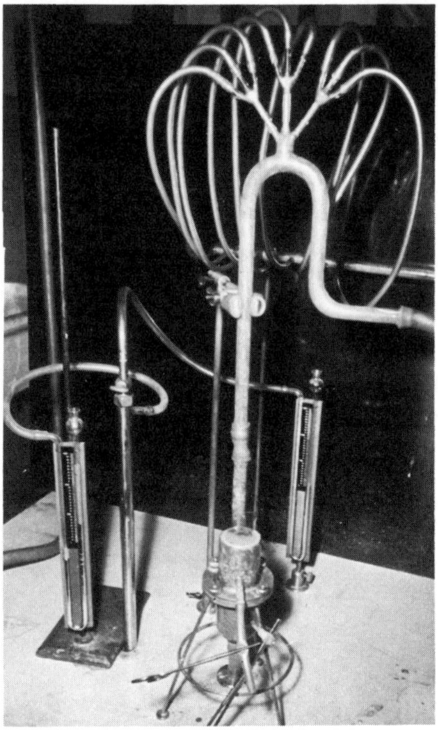

Abb. 27: Das Glasmodell der Aorta mit Abzweigungen. An der Basis des Aortamodells ist ein Behälter – teils aus Metall, teils aus Glas – befestigt mit der Starrklappe. Der Behälter ist mit der Pumpe verbunden, so daß man entweder einen stetigen, oder einen rhythmischen Durchfluß anwenden kann. Das ist der neue Typus des Pulsduplikators.

Abb. 28: Zwei Wasserwirbel im Pulsduplikator unter der Starrklappe (nach Einspritzung einer geringen Menge Tusche rhythmischer Durchstrom).

wir also eine gewisse Menge Aluminiumstaub hinzu[3], so daß die Emulsion ziemlich dicht wird, d. h. kaum halbtransparent; der besondere Wasserströmungs-«Detektor» ermöglicht eine gute Beobachtung der Strömungen und Wirbelbewegungen, die in den Röhren des Modells entstehen. Bei oberflächlicher Betrachtung macht der rhythmische Durchstrom, der

3 Die von Schwenk, dann Calvert u. Mitarb. (7) sowie von Temple (8) angewandte Methode beruht auf einer in rhythmischen Abständen während der Diastole praktizierten Einführung eines Farbstoffes (z. B. Tusche) mittels eines dünnen Röhrchens aus Kunststoff in das mit dem Pulsduplikator verbundene Aortamodell.

durch die Röhre des Aortamodells geht, den Eindruck eines ziemlich chaotisch-turbulenten. Manchmal gelingt es, auf Fotoaufnahmen stellenweise so etwas wie organisierte Strukturen, Wirbel und Streifen von Wasserströmungen zu fixieren. Das ist ein Bild der Wirbelbewegungen, die oberflächlich lokalisiert sind; das Bild verändert sich, es hängt von der Phase des rhythmischen Durchstroms ab, die wir aufnehmen, ob die

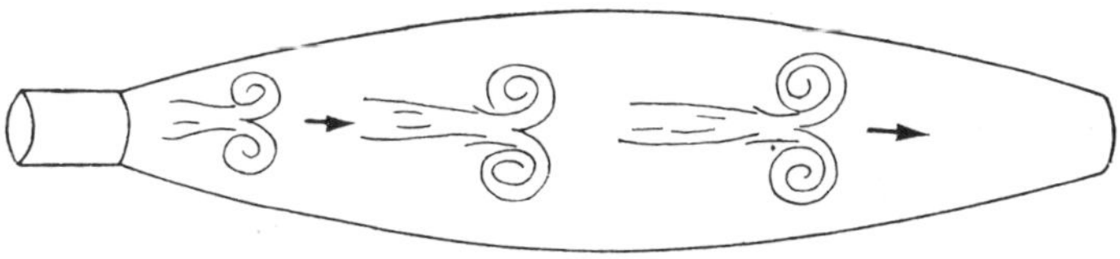

Abb. 29: Schematische Zeichnung, die die Anordnung der Strömungen und der Wirbelbewegungen in der Röhre darstellt, die ungefähr der Aorta entspricht. Langsamer (ca. 20 pro Minute) rhythmischer Durchfluß.

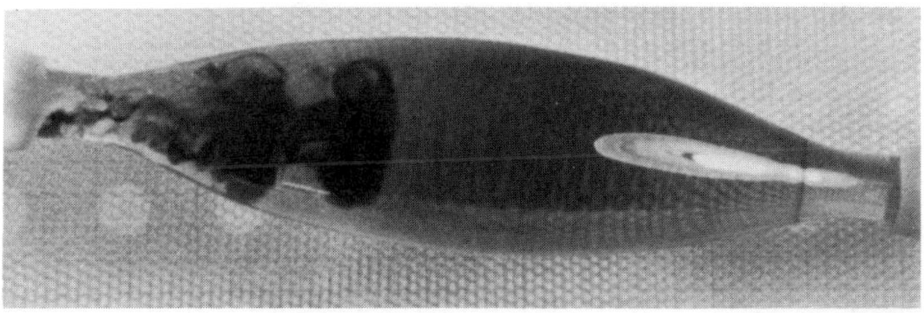

Abb. 30: Das Bild zeigt dieselben Wasserwirbel, wie das schematische Bild 29 (nach Einspritzung einer geringen Menge Tusche).

Aufnahme in der Systole oder der Diastole erfolgt und in welchem Augenblick der Phase der Kontraktion oder der Erschlaffung wir die Wirbelbewegung beobachten.

Das Bild der Strömung im Aortamodell bei rhythmischem Durchstrom (Abb. 29, 30) stellt sich wie folgt dar: der Hauptwasserstrom fließt in der Mitte der Röhre und bildet eine ziemlich einheitliche Strähne. Während der Ausstoßung aus der Pumpe, d. h. in der Phase, die der Herzsystole entspricht, entstehen rings um die zentral verlaufende Stromsträhne Wirbelringe. Diese Ringe erhalten sich auf einer beträchtlichen Länge der Röhre und verschieben sich mit dem Wasserstrom (bzw. Blutstrom).

Rings um die zentrale Stromsträhne mit den auf sie aufgeflochtenen Wirbelringen bilden sich Wirbelbewegungen, die einen turbulenten Cha-

Abb. 31: Wirbelbewegungen in der Abzweigstelle der Röhren des Modells. Der Durchmesser der Hauptröhre beträgt weniger als 1 cm, in den dreifachen Abzweigungen etwas weniger als 0,5 cm.

Abb. 32: Die Zeichnung illustriert den spiraligen Charakter des Durchstroms in der Röhre bei einem Durchmesser von ca. 0,5 cm.

rakter aufweisen. Sie verändern ihre Gestaltung sehr schnell, entsprechend den Evolutionsphasen des Pulsduplikators, und liegen in der oberflächlichen Schicht des Wasserstroms, dicht an der inneren Fläche der Röhre (Abb. 33 und 34).

Wir geben im folgenden ein Beispiel der Wirbelbewegungen, die an der Stelle der Abzweigungen der Röhren des Modells entstehen (Abb. 31). In engen Röhren, mit einem Durchmesser von fast 1 cm und in noch engeren Röhren tritt der laminare Durchstrom in Erscheinung, aber nicht längs

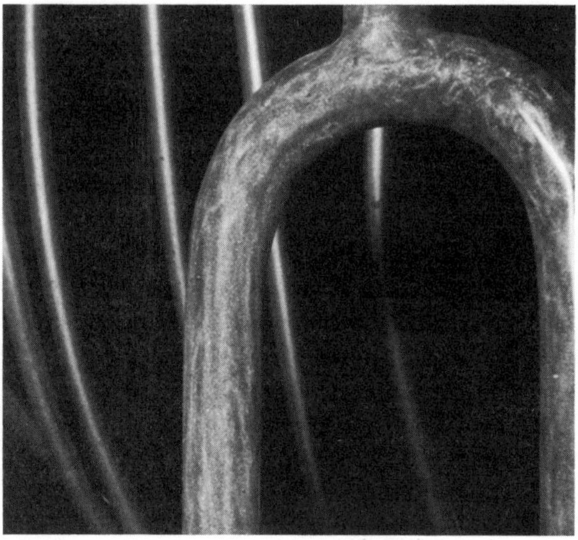

Abb. 33: Die Anordnung der Wasserwirbel im Aortamodell, das mit dem hydraulischen Widder verbunden ist, beim Rhythmus von ca. 80 pro Minute (Aluminiumstaub zugemischt).

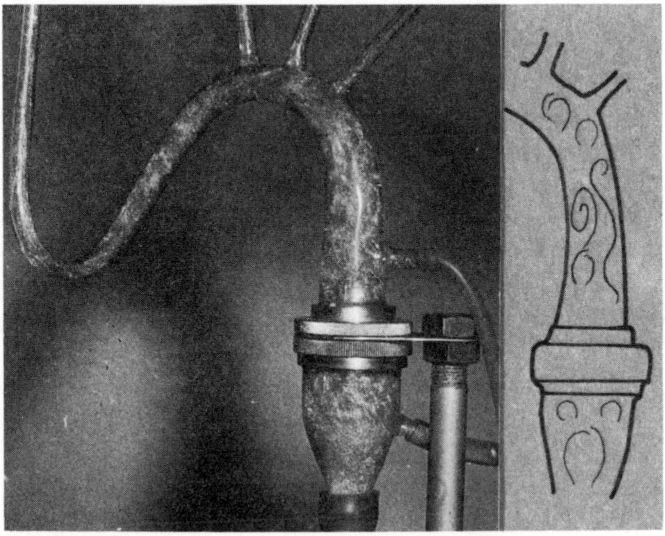

Abb. 34: Steter, nicht rhythmischer Durchfluß in einer breiten Röhre, in Form eines Bündels einzelner Ströme. (Zum durchfließenden Wasser wurde ein wenig Aluminiumstaub zugegeben, um die Wirbelbewegungen sichtbar zu machen).

der Achse des Gefäßes, sondern in Form einer sehr in die Länge gezogenen Spirale (Abb. 32).

In einer breiten Röhre mit einem der Aorta ähnlichen Durchmesser (Abb. 33) ist der rhythmische Durchstrom turbulent, während der stetige Durchstrom sich an den laminaren annähert; in diesem Fall ist die Wasserströmung keine einheitliche Masse, sondern setzt sich aus einem Bündel zu einer Spirale verflochtener, einzelner Wasserströme zusammen. Es scheint, daß wir diesen Typus des Durchstroms in großen Venen antreffen. Dennoch entstehen auch hier an den Orten, wo Seitenverzweigungen – insbesondere unter einem nahezu rechten Winkel – in die

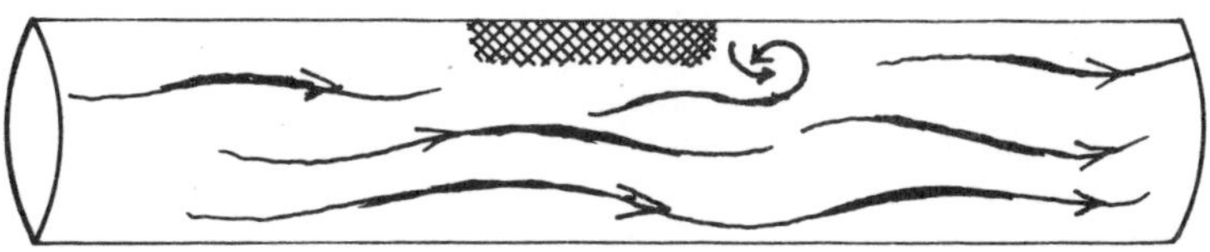

Abb. 35: Die Zeichnung stellt das Entstehen der Wirbel direkt nach der Verengung in der Röhre dar, wo der Durchstrom einen steten Charakter hat.

Hauptröhre münden, Wirbelbewegungen, wie wir an dem Modell feststellen konnten.

In breiten Röhren bilden sich bei stetigem Durchstrom, dort, wo wir es mit laminarem Durchstrom in der Art der bereits beschriebenen Bündel einzelner Ströme zu tun haben, an der Stelle der Verengung (Abb. 35) in der Gegend ihres entferntesten Endes ununterbrochene Wirbelbewegungen aus. Dies könnte einen Beitrag zum Mechanismus der Bildung von Venenthrombosen liefern[4].

Zusammenfassend stellen wir fest, daß unsere ersten Forschungsergebnisse die Annahme zulassen (und diese Annahme kommt der Gewißheit sehr nahe), daß die Morphologie der Blutströmungen sich nicht so einfach darstellt, wie man das gewöhnlich annimmt. Der Verlauf der Strömungen und Wirbelbewegungen ist einerseits sehr kompliziert, andererseits außerordentlich harmonisch. Man kann somit behaupten, daß dieses flüssige und, wie man bisher glaubte, formlose Zellengewebe eine sehr präzise Struktur – in gewissem Sinne natürlich – aufweist. Diese Struktur ist dennoch nichts Statisches, sondern etwas äußerst Dynamisches. Mit der «morphologischen» Dynamik dieses Gewebes läßt sich auch die Dynamik noch so schnell wachsender Pflanzen nicht vergleichen.

4 Die hier beschriebene Beobachtung (Abb. 35) kann man bis zu einem gewissen Grade mit einem von Cutler und Burbanek (1) erörterten Problem in Verbindung bringen.

Bibliographie:

1 Cutler, S. S., B. Burbanek: Fluid control devices, «rheostasis» and the human circulation. J. Thoracic and Cardiovas. Surg. 56 (1968), 558.

2 Davila, J. C.: Thrombosis in artificial heart valves: Role of turbulence due to design Abstract. Circulation 28 (1963), 708.

3 Wieting, D. W., C. W. Hall, L. F. Kreisle, D. Liotta, M. E. De Bakey: Design of a system for anlyzing flow behavior of prostetic human heart valves. Cardiovascular Research Center Bulletin, 5 (1966), 2, Texas Medical Center.

4 Schwenk, Th.: Das sensible Chaos. 4. Auflage, 1976.

5 Schwenk, Th.: Bewegungsformen des Wassers. Stuttgart 1967.

6 Rouse, H.: Advanced mechanics of fluids. New York, J. Wileyand Sons, Inc. (1959), 37.

7 Calvert, G., J. Drabble, R. Serafin, L. J. Temple: J. Thoracic and Cardiovasc. Surg 47 (1964) 633.

8 Temple, L. J., R. Serafin, N. G. Calvert, J. M. Drable: Principles of fluid mechanics applied to some situations in the human circulation and particulary to the testing of valves in a pulse duplicator. Thorax 19 (1964), 3.

5. ÜBERSICHT ÜBER DIE KLINISCHEN PROBLEME

Durch Operationen am offenen Herzen, die einen extrakorporalen Kreislauf bedingen, wurden eine Anzahl bis jetzt noch nicht bekannter Erscheinungen entdeckt, wodurch gewisse, mit der Hämodynamik in Zusammenhang stehende Probleme neu und von den bisherigen Anschauungen abweichend formuliert werden mußten.

Die Beobachtungen zeigten, daß das Herz, obwohl es ein für die Blutzirkulation notwendiges Organ ist, den Zirkulationsvorgang nicht wesentlich beherrscht. Als Beispiel für eine gewisse Unabhängigkeit vom Herzen und für die Autonomie der Zirkulation steht das Volumen des zirkulierenden Blutes[1]. Dies ist eines der zur Diskussion stehenden Probleme. Es scheint, daß die von Schreiber und Rothshilds in ihrer Arbeit über die Blutzirkulation (7) ausgedrückte Ansicht richtig ist. Die Autoren stellen fest: «Das System, welches das Blutvolumen reguliert, ist nicht bekannt.» Ähnliche, aber anders formulierte Feststellungen findet man auch in anderen Arbeiten über dasselbe Thema (1).

Als ein weiteres Beispiel zur Illustration der Unabhängigkeit des Volumens des zirkulierenden Blutes von der Tätigkeit des Herzens kann eine Beobachtung gelten, die während der Umleitung bei Operationen am offenen Herzen gemacht wurde. Ein Faktor von vordringlicher Bedeutung bei der Perfusion ist die Bestimmung des Minutenvolumens der arteriellen Pumpe.

Dieses Volumen muß mit dem venösen Rückfluß übereinstimmen, d. h. mit dem Blutvolumen, das in einer Zeiteinheit zum rechten Herzen zurückfließt.

1 Viele interessante und wichtige *klinische* Beobachtungen zum Problem des Blutvolumens können in dem Buche von Albert Solomon (Blood volume, Springfield 1963) gefunden werden.

Selbstverständlich muß der Blutverlust an der Operationsstelle durch eine höhere Pumpenleistung sofort kompensiert werden. Es ist zu bemerken, daß ein vermindertes Pumpenvolumen unzweifelhaft einen verminderten Venenrückfluß bedingt; eine Erhöhung des Pumpenvolumens muß hingegen nicht unbedingt ein größeres, zum rechten Herzen fließendes Blutvolumen zur Folge haben, vorausgesetzt, es findet an der Operationsstelle kein Blutverlust statt.

Diese Feststellungen sind gültig für starke Pumpenvolumen-Erhöhungen. Geringe Erhöhungen mögen in gewissen Fällen die Zirkulation verbessern, das Prinzip wird aber dadurch nicht berührt.

Pumpt man eine die venöse Rückflußmenge übersteigende Menge Blut in den Patienten, so wird das zirkulierende Blutquantum nicht erhöht; dies bewirkt nur, daß das Gefäß-System mit langsam fließendem, stagnierendem und unnötigem Blut überlastet wird. Es ist bekannt, daß eine derartige Überlastung des Organismus mit Blut nicht nur nutzlos, sondern geradezu gefährlich sein kann. Dies bedeutet, daß der Organismus des Patienten während der extrakorporalen Zirkulation das Minutenvolumen der Pumpe bestimmt (3).

Aus obigem Beispiel darf geschlossen werden, daß die mechanische Herztätigkeit, die von der Arterienpumpe übernommen wird, wenn eine extrakorporale Zirkulation besteht, die Regulierung des zirkulierenden Blutvolumens nicht beeinflußt. Diese Regulierung muß demnach von einem anderen, extracardialen Faktor abhängen.

Die nähere Betrachtung der Ereignisse, die während einer extrakorporalen Zirkulation feststellbar sind, ermöglicht eine genauere Lokalisierung dieses Faktors: wenn die artifizielle Perfusion nicht stufenweise, sondern so plötzlich einsetzt, daß das Herz augenblicklich ausgeschaltet und seine Tätigkeit von der Pumpe übernommen wird, so stellt man ein beträchtliches Absinken des arteriellen Blutdruckes von mindestens 20 mm Hg fest. Dieser Druck kann bis zu 20 Minuten anhalten, und erst wenn das zur Anregung der künstlichen Zirkulation verwendete stabilisierte Blut sich mit dem Blut des Patienten ganz vermischt hat, ändert sich der Zustand wieder. Wenn die Perfusion allmählich ausgeführt wird, fällt der arterielle Druck nicht. Das Herz wird in diesem Fall nicht bei Beginn der Perfusion ausgeschaltet. Zuerst ist die von der arteriellen Pumpe geleistete Arbeit nur gering; sie nimmt dann allmählich zu, bis sie schließlich das dem ganzen venösen Rückfluß entsprechende Volumen übernimmt, sobald die Venae savae abgeklemmt werden.

Es muß betont werden, daß die erhöhte Leistung der arteriellen Pumpe den bei plötzlich einsetzenden Perfusion beobachteten arteriellen Druckabfall nicht verhindert (4).
Durch die Beobachtungen, die während extrakorporaler Zirkulation gemacht werden, kommt man zum Schluß, daß das Minutenvolumen nicht von der Herztätigkeit abhängig ist, sondern vom Quantum des zum Herzen zurückfließenden Venenblutes. Neben anderen Autoren haben auch Najafi et al. (6) auf extracardiale Faktoren hingewiesen, welche den Rückfluß des Venenblutes bei Operationen mit extrakorporaler Blutzirkulation beeinflussen. Die Verringerung des venösen Rückflusses war auf die Bauart des Oxygenators dieser Autoren zurückzuführen, welcher das Minutenvolumen der Arterienpumpe bestimmte.
Eine auffallende Erscheinung ist die Unabhängigkeit des zirkulierenden Blutvolumens von der Herztätigkeit. Ähnliche, ja sogar identische Beobachtungen können gemacht werden bei der Betrachtung hämodynamischer Störungen zufolge rascher Transfusion großer Blutmengen. Dabei kann ein Abfall des arteriellen Druckes, begleitet von einem Druckanstieg im Vena-portae-System mit gleichzeitiger Volumenverminderung des zirkulierenden Blutes festgestellt werden. H. L. Gadboys (2), der sich mit diesem Problem befaßt, verwendet den Ausdruck «homologous blood syndrome». Er betrachtet die beschriebenen Störungen als anaphylaktische Reaktion. Obschon der Mechanismus dieser anaphylaktischen Reaktion nicht ganz klar ist, möchten wir die Frage hier einmal nur vom hämodynamischen Aspekt aus betrachten. Auf der Suche nach einem Weg, die als anaphylaktischen Schock beschriebene spezifische Komplikation zu vermeiden, wollte man das zur Ingangsetzung des extrakorporalen Zirkulationssystems verwendete Blut ausschließen. Das homologe, zu diesem Zweck verwendete Konservenblut wurde als Ursache dieser schweren Komplikation betrachtet.
Es ist zu beachten, daß das anaphylaktische Syndrom oft nach Verabreichung zu hoher Blutdosen festgestellt wird. Die kritische Menge scheint sich um 50 cm^3/kg Körpergewicht zu bewegen. Mit geringeren Mengen sind anaphylaktische Reaktionen selten.
So wurde festgestellt, daß verschiedene Ersatzflüssigkeiten gebraucht werden können, um die Herz-Lungen-Maschine in Gang zu setzen, wie z. B. Dextran mit niedrigem Molekulargewicht, eine isotonische Glukoselösung, usw. Der Patient erhält pro kg Körpergewicht zwischen 15-50 cm^3 dieser Flüssigkeiten (5).

Man darf sagen, daß die rasche Veränderung im Blut des Patienten die Symptome eines ernsten, oft letalen Schockes auslösen, trotz sofortigen Ersatzes mit stabilisiertem oder konserviertem Blut. Das dem Organismus des Patienten, der gleichzeitig sein eigenes Blut verliert, rasch und in großen Mengen zugeführte Konservenblut verursacht Schocksymptome – Symptome akuten Zirkulationsversagens.
Wo liegt die Ursache solch schwerwiegender Störungen? Transfundiertes, homologes Blut ist nur gezielt wirksam, wenn das Quantum 50 cm^3/kg nicht übersteigt. Daraus folgt, daß auch sehr sorgfältig transfundiertes homologes Blut nie als vollkommen gleichwertig mit dem Eigenblut des Patienten betrachtet werden oder gar an dessen Stelle treten kann.
Was macht nun aber die Vollwertigkeit des Blutes vom Standpunkte der Hämodynamik aus? Es muß die nötigen onkotischen Eigenschaften besitzen, serologisch mit dem Empfängerblut verträglich und für den Sauerstoffaustausch geeignet sein. Diese Eigenschaften allein genügen aber nicht, denn bei einem raschen Austausch von 50 cm^3/kg oder mehr löst das Transfusionsblut einen Schock aus. Nach Gadboys (2) handelt es sich um einen anaphylaktischen Schock, der auch mit der Reaktion auf Lymphocyten in Zusammenhang steht. Vielleicht ist Gadboys Theorie richtig; anderseits könnten für die Auslösung eines solchen Schockes andere Mechanismen geradesogut in Frage kommen.
Hier müssen wir wieder auf die im 1. Teil unserer Arbeit beschriebenen Aggregationen roter Blutkörperchen zurückkommen. Sie werden oft bei Operationen am offenen Herzen festgestellt, ebenso bei extrakorporaler Zirkulation wie bei tiefer Hypothermie (6). Vielleicht steht der besprochene Schockmechanismus mit dem Entstehungsprozeß der Aggregationen roter Blutkörperchen in Zusammenhang. Das Problem läßt sich jedoch sehr einfach ausdrücken: dem transfundierten Blut fehlt eine «positive» Eigenschaft, die seinen vollen hämodynamischen Wert bestimmt.
Zur Zeit erforschen Wissenschaftler der ganzen Welt die Organ- und Gewebe-Transplantation. Bekanntlich ist das Blut der erste mit Erfolg transplantierte Stoff. Es wäre aber wohl möglich, daß die «Transplantation» oder, wie sie allgemein bezeichnet wird, die Bluttransfusion allzu optimistisch beurteilt würde. Woher kommt es, daß die Blut-«Transplantation» frei von Komplikationen erfolgen kann, wenn andere Stoffe und Organe so viele Schwierigkeiten bieten? Immunologisch ist Blut immer noch der aktivste Stoff des Körpers.

Es ist möglich, daß wir dem Körper keine vollwertigen Gewebe und kein vollwertiges Blut, sondern nur minderwertige Ersatzstoffe liefern.
Ohne Zweifel berücksichtigt die Transfusion, sogar diejenige eines solchen Ersatzstoffes, eine beträchtliche Zahl biologischer Faktoren, aber wahrscheinlich entsprechen sie nie dem vollen hämodynamischen Wert des Blutes. Alle positiven Eigenschaften des transfundierten Blutes genügen eben nicht, die Transfusion als echte Transplantation zu betrachten. Ein wichtiger Faktor, durch den das Blut vollen hämodynamischen Wert erhalten könnte (d. h. die Fähigkeit, den Schock zu verhindern), ist nicht vorhanden, was bewirkt, daß das transfundierte Blut biologisch relativ unvollkommen ist.
Diese hämodynamischen Eigenschaften des Blutes sind ein wichtiger Faktor, der bis jetzt bei der Transfusion unübertragbar geblieben ist. Fallen diese hämodynamischen Eigenschaften nur beim stabilisierten Blut aus? Wäre es möglich, sie durch direkte Transfusionen von Vene zu Vene zu erhalten? Die Frage kann leider nicht beantwortet werden. Zur Zeit wird die Methode der direkten Transfusionen, besonders, wenn es sich um große Blutvolumen handelt, nicht angewandt.
Noch einige Worte möchten wir hinzufügen über ein besonderes Problem, nämlich den *Rhythmus,* der bei der extrakorporalen Zirkulation mit Anwendung der Rotationspumpe gänzlich eliminiert wurde.
Im physiologischen Kreislauf haben wir mit zweierlei Rhythmen zu tun: mit dem Rhythmus des Herzens und dem viermal langsameren Rhythmus der Atmung.
Der Atmungsrhythmus gehört zu den ganz wesentlichen Faktoren, die den Kreislauf befördern. Das Volumen der Lungengefäße wird bei Einatmung erheblich erweitert, bei Ausatmung dagegen bedeutend verringert (Maclin, 10). Die Einatmung könnte gewissermaßen als Analogon der Diastole, die Ausatmung als das der Systole erfaßt werden. Dieser Vorgang ist – energetisch – für die Bewegung des Blutes nicht unbedeutend. Noch wichtiger ist aber der Rhythmus des Herzens. Es ist bekannt, daß ein Mangel an rhythmischer Durchströmung recht ungünstig auf den Kreislauf des Patienten wirkt, der bei Anwendung der extrakorporalen Zirkulation operiert wird: bei länger dauernder Perfusion muß solcher Mangel einen Schock bewirken[2].

2 Als Beispiel möchten wir die Versuche von K. J. Paquet anführen, der bewiesen hat, daß die rhythmische Perfusion der isolierten Schweineniere eine viel längere Erhaltung der

Als nächstes wollen wir das Problem des zirkulierenden Blutvolumens bei gewissen kongenitalen und erworbenen Herzfehlern und bei konstriktorischer Pericarditis betrachten. Normalerweise entspricht das Minutenvolumen des Herzens ungefähr dem gesamten zirkulierenden Blutvolumen des erwachsenen Menschen. Die Korrelation dieser beiden Parameter ist für die gute und störungsfreie Zirkulation bestimmend.

Unter pathologischen Verhältnissen ist dies vollkommen anders. Bei erworbenen Fehlern des linken Herzens bleibt das zirkulierende Blutvolumen normal oder erfährt nur eine geringe Verminderung; das Minutenvolumen ist also reduziert. Bei Erkrankungen am rechten Herzen erhöht sich die zirkulierende Blutmenge, das Minutenvolumen geht jedoch zurück wie bei Erkrankungen des linken Herzens. Das schon von anderen Autoren, einschließlich La Due (8), gezeigte Prinzip muß hier ergänzend erwähnt werden, wobei für unsere Zwecke nur unkomplizierte, isolierte Herzerkrankungen des linken Herzens in Betracht gezogen werden.

Jede Läsion des linken atrioventrikulären Durchgangs impliziert jedoch Komplikationen, auch bei Veränderungen rheumatischer Art, die sich nur auf diese Klappe beschränken; diese Komplikationen bestehen in einer relativen Insuffizienz der Tricuspidalklappe und, in fortgeschrittenen Fällen, in ausgesprochenem Zirkulationsversagen. Daraus geht hervor, daß in derartigen Fällen auch eine Klappenschädigung des rechten Herzens besteht, die zu einem mehr oder weniger schweren Schaden des rechten Herzens führt. Bei diesen Patienten ist das zirkulierende Blut-Volumen erhöht, möglicherweise sogar in erheblichem Maß, je nach der Schwere der Schädigung des Herzens. Die Feststellung, daß in gewissen fortgeschrittenen Fällen von Mitralstenose der Durchmesser des linken atrioventrikulären Ostiums weniger als 5 mm messen kann, zeigt, unter welch außerordentlich schweren Bedingungen das Herz dann arbeiten muß; dabei hat es nicht nur den von der Striktur erstellten Widerstand zu überwinden, sondern es muß auch ein vermehrtes, ja oft sehr stark vermehrtes Blutvolumen transportieren.

Wir erinnern daran, daß das rechte Herz das Blut in Fällen von Mitralste-

Funktion der Niere ermöglicht als eine kontinuierliche Perfusion (Paquet, K. J.: Hämodynamische und metabolische Studien an isoliert durchströmten Schweinenieren mit pulsatorischer und kontinuierlicher Perfusion unter besonderer Berücksichtigung der extrakorporalen Zirkulation bei intrakardialen Eingriffen. In: Phänomen der pulsatorischen Strömung im Blutkreislauf aus technologischer, physiologischer und klinischer Sicht. 1. Symposium 1969 Hannover, Bibliographisches Institut, Mannheim/Wien/Zürich, 1970).

nose durch eine möglicherweise unter 0,5 cm Durchmesser aufweisende Öffnung in den linken Ventrikel pumpen muß. Dabei kann man sich fragen, auf welche Art der atrophierte, dünne linke Ventrikel seinerseits das Blut in das allgemeine Arteriensystem mit solcher Kraft pumpen kann, daß es, nur vom linken Herzen angetrieben, das ganze, unerhört vergrößerte Venensystem zu füllen vermag. Welche Kraft hält nun diese Blutmenge in steter Bewegung?
Hinzuzufügen ist ferner, daß in Fällen konstriktorischer Pericarditis das zirkulierende Blutvolumen sozusagen normal sein kann. In fortgeschrittenen Fällen kann es jedoch recht häufig stark erhöht sein (bis auf 10 und mehr Liter). Das Minutenvolumen ist verringert.
Hier müssen wir ein paar Worte über die Pathophysiologie der konstriktorischen Pericarditis sagen. Die Blutzufuhr in das rechte Atrium oder den rechten Ventrikel ist beeinträchtigt, was das Syndrom der rechtsseitigen Herzschädigung darstellt. Der venöse Druck ist gesteigert, manchmal bis zu 30 mm Hg. Der Druck in den Kapillaren ist mindestens ebenso hoch wie in den großen Venen und im rechten Atrium. Deshalb muß das wegen der für diese Krankheit typischen hypodiastolischen Insuffizienz unter ungünstigen Bedingungen arbeitende linke Herz gegen einen übernormal starken Widerstand ankommen. Es ist auch bekannt, daß neben der bestehenden Tachykardie der Herzmuskel durch entzündliche Veränderungen geschädigt, d. h. atrophiert und verdünnt ist.
Trotz der vielen Schwierigkeiten, die für das Herz bei konstriktorischer Pericarditis entstehen, verringert sich das zirkulierende Blutvolumen bei diesen Patienten nicht; vielmehr erhöht es sich eigenartigerweise bei den schwereren Fällen.
Bei diesen Krankheiten ist der Blutzufluß zum Herzen sehr intensiv. Das Phänomen des durch das zuströmende Blut zu Beginn der Dekortikation bei der Pericardektomie erweiterten Herzens ist allgemein bekannt.
Wir wollen hier noch das zirkulierende Blutvolumen bei einigen zyanotischen Herzschädigungen diskutieren, im besonderen bei der Tetralogie von Fallot. In Fällen mit deutlicher Zyanose steigt das Volumen des zirkulierenden Blutes proportional zum reinen Zellvolumen und erreicht gelegentlich sehr hohe Werte.
Hier mag als Beispiel der Fall eines 9jährigen Mädchens mit einer kongenitalen arteriovenösen Fistel des linken Oberlappens erwähnt werden. Die Patientin wog 25 kg, und vor der Operation war der Hämatokritwert 84,6%. Das zirkulierende Blutvolumen war zu diesem

Zeitpunkt 11,3 Liter und das zirkulierende Plasmavolumen 1,74 Liter. Sechzehn Tage nach der Operation war der Hämatokrit 64%, das zirkulierende Blutvolumen 1,447 Liter und das zirkulierende Plasmavolumen 0,52 Liter. Obwohl diese Beobachtungen nicht einen Fall von Fallotscher Tetralogie betrafen, sondern einen anderen, kongenital bedingten zyanotischen Zustand, zeigte das Beispiel doch sehr auffällig, welcher Art die Störungen sind, die sich bei verändertem Volumen des zirkulierenden Blutes und des Hämatokrits manifestieren. Die Art der Veränderung ist für zyanotische Herzstörungen charakteristisch, wenn auch das zitierte Beispiel mit äußerst heftigen Störungen einen Extremfall darstellt.

Die Diskussion dieses Falles weist darauf hin, welch auffällige Disproportion zwischen der Kraft des geschwächten, geschädigten und oft insuffizienten Herzens einerseits und dem Volumen des zirkulierenden Blutes anderseits bestehen kann. Im Fall der arteriovenösen Lungen-Fistel mußte das Herz des 9jährigen Mädchens ständig 11 Liter Blut von dicker, sirupartiger Konsistenz in Bewegung halten. Schreiber und Rothshilds schreiben: «Die bei zirkulatorischer Insuffizienz beobachteten Blutvolumenveränderungen sind offensichtlich nicht von der spezifischen Ätiologie der Herzerkrankung abhängig, mit Ausnahme jener Schädigungen, bei denen eine nennenswerte Beeinträchtigung der Blutoxygenisierung besteht, wie z. B. beim Cor pulmonale und der Fallotschen Tetralogie. In diesen Fällen erreicht das Blutzirkulationsvolumen die höchsten Werte.» Die Feststellungen, die hauptsächlich das Volumen der roten Blutkörperchen betreffen, entsprechen voll und ganz unserer eigenen Meinung über dieses Problem.

Nun gibt es aber auch zyanotische Vitien mit einem Hämatokrit von 90% und mehr, bei denen die Zirkulationszeit deutlich verlängert ist.[3]

Die längere Zirkulationsdauer in solchen Fällen kann durch den behinderten Durchfluß des Blutes durch die Gefäße, insbesondere der Kapillaren, erklärt werden. Man kann sich aber schwer vorstellen, wie diese hochkonzentrierte Suspension roter Blutzellen ihren Weg in so großer Menge durch die Kapillaren erzwingt, ohne daß sie dort irgendwo zurückgehalten wird (Abb. 36). Was verursacht dieses oft mehr als verdoppelte

3 Ein Beispiel aus der Praxis: Patient T. J., 22 Jahre alt, Diagnose: Fallotsche Tetralogie mit deutlicher Zyanose. Gewicht: 56 kg, Körpergröße 1,69 m, Blutdruck 120/86 mm Hg. Hämatokrit: 80:20; nach Aderlaß: 71:29. Zirkulierendes Blutvolumen: 9,8 Liter; totales Plasmavolumen: 2,8 Liter. Zirkulationsdauer (Äthermethode): 28 Sek. (normal 6-8 Sek.)

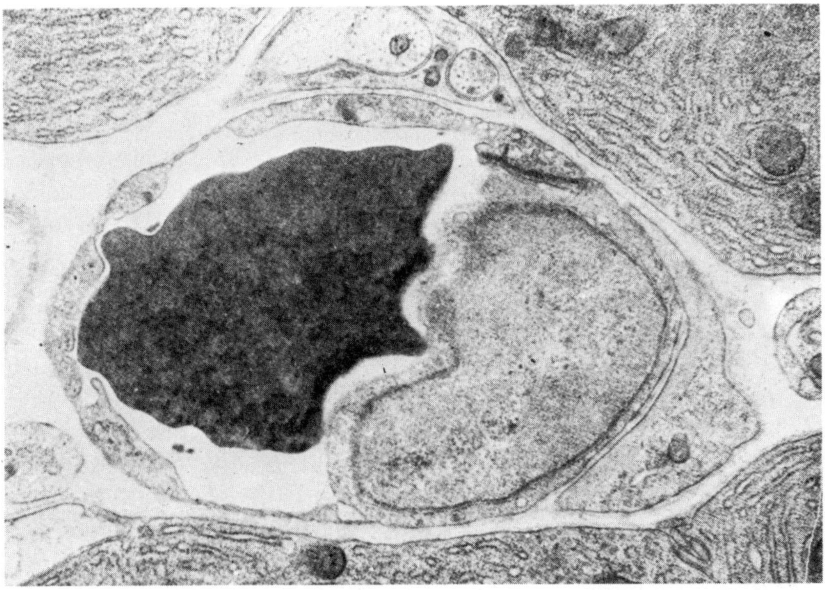

Abb. 36: Elektronogramm eines kapillaren Gefäßes. Der dunkle Gegenstand, sichtbar im Querschnitt des Gefäßes, ist ein Erythrozyt, der durch die Berührung mit der irregulären Endotheloberfläche deformiert wurde. 13 000fache Vergrößerung (nach W. Bloom u. W. Fawrett). Welch eine Pumpe vermag die unzählbaren Erythrozytenreihen durch Kapillaren durchzuschieben, deren Querschnitt oft kleiner als der Durchmesser der Erythrozyten ist?

Blutvolumen? Hat das geschädigte Herz dieses zu bestimmen, und wie wird es mit dieser Aufgabe fertig?
In Zusammenfassung der Feststellungen über das zirkulierende Bluvolumen bei verschiedenen Herzleiden kann gesagt werden, daß ein auffälliges Mißverhältnis besteht zwischen dem mangelhaften, manchmal katastrophalen Zustand des Herzens und dem bedeutenden, manchmal sogar enorm erhöhten Volumen des zirkulierenden Blutes. Man kann nicht ableugnen, daß es wohl höchst unwahrscheinlich ist, daß das stark geschädigte Herz in derartigen Fällen befähigt ist, die ständig anwachsende Blutmenge zu befördern.
Die Darlegung der obigen Tatsachen erfolgte in der Absicht, die eigenartige Situation bei Zirkulationsstörungen fortgeschrittener Herzschädigungen aufzuzeigen. Die gegenwärtig geltenden, fundamentalen Ansichten über die Herztätigkeit können diese Störungen nicht erklären. Unter

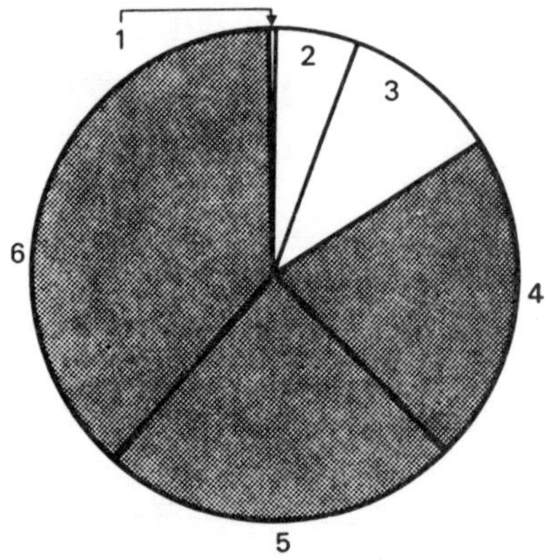

Abb. 37: Schematische Darstellung des relativen Gefäßvolumens verschiedener Kreislaufabschnitte (nach Wiedemann M. P.: Dimensions of Blood Vessels from Distributing Artery to Collecting Vein. Circulation Res. 12,375,1963). 1: Kapillaren, 2: Arteriolen und kleine Arterien, 3: Arterien, 4: Venen, 5: kleine Venen, 6: Venolen. Das »Venengebiet« ist verhältnismäßig sehr groß im Vergleich zu dem »Arteriengebiet«.

normalen Bedingungen scheint es, daß alles auf die Richtigkeit der Harveyschen Theorie hinweist. Sobald aber pathologische Verhältnisse eintreten, fällt diese einfache und klare Konstruktion in sich zusammen, und um sie zu stützen, muß man zu Spekulationen greifen. Diese Haltung gegenüber diesem Problem kann nur erklärt werden durch einen unerschütterlichen Glauben an das Dogma der mechanischen Zirkulation, den Glauben an eine Theorie, der das Eingeständnis nicht zuläßt, daß man sie nicht versteht.

Noch eine letzte Abschweifung: daß bei zyanotischen Herzfehlern eine beträchtliche, manchmal sehr bedeutende Disproportion besteht zwischen der durch die Lunge gegenüber der durch das Gefäß-System strömenden Blutmenge, ist bekannt. Eine Stenose oder Unterentwicklung der pulmonalen Arterie vermindert den Blutzufluß zur Lunge manchmal stark. Dieser Blutmangel wird durch die kollaterale Zirkulation ausgeglichen, die in Ausnahmefällen die Aufgabe der Blutversorgung der Lunge sogar vollständig übernimmt.

Der Kollateralkreislauf wird als etwas Selbstverständliches betrachtet; es scheint aber, daß diese Haltung nicht richtig ist. Die Erklärung für die Entwicklung eines kollateralen Kreislaufes ist vom Standpunkt der Hydrodynamik aus absolut unvorstellbar. Es kann kaum angenommen werden, daß der Blutdruck jener Faktor ist, der zur Bildung des kollateralen Blutkreislaufes führt. Vom Blutdruck nehmen wir an (ich möchte betonen: nur auf Grund unserer Vorstellung), er bestimme z. B. das Auftreten eines kollateralen Kreislaufes nach einer Obstruktion der Hauptarterie einer Extremität.

Trifft das Blut auf ein Hindernis in der pulmonalen Zirkulation, so besteht kein mechanischer Faktor, der ihm über das Hindernis hinweghelfen könnte. Die pulmonale Zirkulation könnte sehr leicht umgangen werden, und das Blut könnte sich frei durch die Gefäße des Zirkulationssystems bewegen. Dies geschieht jedoch nicht.

Die Ursache ist nicht mechanischer Art; sie muß anderswo liegen. Der in Frage kommende Faktor besteht in der Tendenz, die Oxygenisation des durch eine chronische Hypoxie geschädigten Blutes zu verbessern.

Tatsache ist, daß bei den besprochenen Krankheiten *der Hauptfaktor für die Vergrößerung des Volumens des zirkulierenden Blutes die chronische Schädigung der Blutoxygenisation ist.* Diese Feststellung könnte umgekehrt und folgendermaßen formuliert werden: *das vergrößerte Volumen des zirkulierenden Blutes stellt die Tendenz dar, die Bedingungen der Blutoxygenisation zu verbessern.* Dies geschieht durch eine verstärkte Hämatopoese, welche zu einer Polyglobulie führt und gleichzeitig zu einem erhöhten Blutzirkulationsvolumen.

Zum Schluß möchten wir nochmals an ein schon diskutiertes Problem erinnern, welches das extrakardiale Zirkulationsversagen betrifft. Es ist dies die Ursache hämodynamischer Schocks. Wir wollen unsere Feststellung in diesem Rahmen darauf beschränken, daß die Abnahme des Blutzirkulationsvolumens – das Charakteristikum des Schocks – auch dann, wenn sie, sofern möglich, durch Transfusionen von stabilisiertem Blut kompensiert wurde, nur richtig erklärt werden kann, wenn man von der These ausgeht, daß es sich nicht um ein Versagen peripherer Gefäße handelt, sondern vielmehr um einen Mangel im Blute selbst, der diesem Syndrom zugrunde liegt, um einen akuten Mangel des Blutes an biologischen und hämodynamischen Eigenschaften.

Beobachtungen bei extrakorporaler Zirkulation und bei klinischen Fällen von Herzkrankheiten deuteten auf einige Erscheinungen hin, die bis jetzt unentdeckt blieben oder übersehen wurden:

1. Die enge Beziehung zwischen dem Minutenvolumen des Herzens und dem venösen Rückfluß. Dieser bestimmt die vom Herzen geleistete Arbeit – nicht umgekehrt.
2. Dem rasch und in sehr großen Mengen transfundierten stabilisierten Blut fehlen einige zur Verhütung des Schocks notwendige Eigenschaften. (Ein schwerer, oft letaler Schock tritt ein, wenn das Gesamtvolumen des transfundierten Blutes 50 cm^3/kg des Patientenkörpergewichtes übersteigt.)

3. Das Volumen des zirkulierenden Blutes kann sich bei einigen nicht zyanotischen Herzfehlern stark erhöhen. Dies trifft auf Erkrankungen des rechten Herzens, aber auch auf beidseitige Schädigungen zu.
4. Zyanotische Schädigungen und besonders Fallotsche Tetralogie mit weitgehender Zyanose werden durch eine starke, manchmal außerordentlich hohe Zunahme des Blutzirkulationsvolumens gekennzeichnet.

Die in dieser Arbeit beschriebenen zirkulatorischen Störungen beweisen, daß das Herz weder die bestimmende noch die entscheidende Rolle im Zirkulationsprozeß einnimmt. Das Herz übt einen gewissen Einfluß auf die Zirkulation aus – letztere ist dem Herzen aber überlegen.
Die Fragen, die sich durch die im vorstehenden genannten Erscheinungen stellen, können durch die Feststellung beantwortet werden, daß es eine dem Blute eigene, spontane Bewegungsenergie gibt, die unabhängig vom Herzen, jedoch in enger Verbindung mit der Herztätigkeit arbeitet und mit ihr zusammen ein harmonisches, integriertes Ganzes bildet, die Blutzirkulation. Die Tatsache, daß eine solche spontane Bewegungsenergie des Blutes existiert, wurde im ersten Teil dieser Arbeit erörtert und belegt.
Man sollte sich nicht damit begnügen zu sagen, das Blut wäre eben eine im Organismus kreisende Flüssigkeit wie andere organische Säfte. Das Blut ist ein Gewebe, mit unerhöhter Vitalität begabt, welches – abgesehen von anderen Eigenschaften – die Fähigkeit besitzt, sich von sich aus zu bewegen: die Gabe der Eigenbewegung. – Wenn wir uns nicht wundern darüber, daß unsere Muskeln eine spezifische Eigenschaft besitzen, sich zusammenziehend Bewegungen auszuführen, warum sollten wir uns wundern, daß dem Blut eine immanente Bewegungsfähigkeit eigen ist? Die Schwierigkeit, sich die Eigenbewegung des Blutes vorzustellen, beruht einfach auf unserem Mangel an Vorstellungskraft und auf tief eingewurzelten Denkgewohnheiten.

Zusammenfassend möchten wir sagen, daß die Eigenbewegung des Blutes – nach der These Rudolf Steiners – ihre Bestätigung findet in mehreren klinischen Tatsachen sowie in den mannigfaltigsten experimentellen Forschungen.
Wir stellen noch einmal fest, daß das Blut, welches durch die Hohlvenen nach dem Herzen fließt, nicht direkt von der Arbeit des Herzens abhängig

ist, die Rolle des Herzens in diesem Falle passiv ist. Um so weniger kann das Herz über das Volumen des kreisenden Blutes entscheiden, so daß das Volumen des kreisenden Blutes vom Blut selbst, von seiner eigenen motorischen Kraft abhängig ist.

Die Eigenbewegung des Blutes entscheidet nicht nur über das Volumen des kreisenden Blutes, sondern auch über die Dislokation des Blutes in das Gebiet aller möglichen Organe. Es ist also das Erröten, welches als Symptom des Zornes oder der Scham stattfindet, auch das Erblassen, zu dem das Erschrecken führt, nicht der Effekt der rein vasomotorischen Kräfte, sondern diese Erscheinungen werden durch die Eigenbewegung des Blutes verursacht. Auch bei den Bewegungen – z. B. bei der Bewegung des Armes – fließt das Blut auf aktive Weise in einer gewissen Menge in die Muskeln. So daß die Blutbewegung mit dem Gefühlsleben und mit dem Willen verbunden ist.

Auch in der Geschwindigkeit des Blutstromes spielen weder das Herz noch irgendein vasomotorischer Faktor die Hauptrolle; diese ist nur mit der Eigenbewegung des Blutes verbunden. In biologischem Sinne paßt sich das Blut dem Bedarf der Gewebe auf Sauerstoff an.

Bibliographie:

1 Bergman et al.: Handbuch der Inneren Medizin, IX/1, Springer, 1960.

2 Gadboys, H. L., Slonum, R., Litwak, R. S.: The homologous blood syndrome. Ann. Surg. 156, 793, 1962.

3 Manteuffel-Szoege, L.: Haemodynamic paradoxes in blood circulation. Pol. Tyg. Lek., 20, No. 26, 1965.

4 Michalowski, J., Manteuffel-Szoege, L.: An attempt to analyse the haemodynamic changes during extracorporeal circulation. Pol. Tyg. Lek., 20, No. 29, 1965.

5 Michalowski, J.: The Post Perfusion Syndrome. (Manuskript.)

6 Najafi, H., Neville, W., Baruchi, F., Peacock, H., Meeks, M.: Comparison of high- and low-volume haemodilution für cardiopulmonary bypass. Surgery, Vol. 58, No. 6, p. 989, 1965.

7 Schreiber, S. S., Rothshilds, M. A.: Blood volume and heart. Progress in Cardiovasc. Dis., 4, No. 6, May, 1962.

8 Sodeman, W. A.: Pathalogic Physiolog. Saunders, 1961.

9 Suzuki, M., Penn, I.: A reappraisal of the microcirculation during general hypothermia, Surg., 58, No. 6, 1049, 1965.

10 Maclin, Ch. C.: Respiratory volume changes in the pulmonary vessels in relation to artificial relaxation therapy. Diseases of the chest, 1948, Vol. XIV, No. 4.